田径教学与训练实践研究

鲁长春 著

中国商业出版社

图书在版编目(CIP)数据

田径教学与训练实践研究 / 鲁长春著. -- 北京 : 中国商业出版社, 2025. 3. -- ISBN 978-7-5208-3343-1

Ⅰ. G820.2

中国国家版本馆CIP数据核字第2025ZQ6480号

责任编辑：朱丽丽

中国商业出版社出版发行

(www.zgsycb.com 100053 北京广安门内报国寺1号)

总编室:010－63180647 编辑室:010－63033100

发行部:010－83120835/8286

新华书店经销

北京虎彩文化传播有限公司印刷

*

787毫米×1092毫米 16开 8.75印张 151千字

2025年3月第1版 2025年3月第1次印刷

定价：45.00元

* * * *

(如有印装质量问题可更换)

前　言

田径作为一项历史悠久且大众广泛参与的运动，不仅是体育竞技项目的代表，更是参与者身体素质、意志品质和团队精神的综合体现。在全球范围内，田径运动因其简单易行的特点，吸引了无数人参与，其中包括跑步、跳跃、投掷等多个项目。因此，田径教学与训练的重要性不言而喻。然而，随着社会的快速发展和人们生活方式的变化，传统的田径教学与训练方法面临着诸多挑战。现代学员的需求日益多样化，田径运动教学内容和训练方式亟需与时俱进。如何在保证传统田径项目精髓的基础上，结合现代科学技术、心理学和教育学的理论，创新田径教学与训练方法，成为当今体育教育工作者需要深入研究的重要课题。

本书详细阐述了田径教学与训练的基本理论，重点讨论了短跑教学与训练实践、中长跑教学与训练实践、跳跃项目教学与训练实践，进一步研究了投掷项目教学与训练实践等。希望本书的介绍，能够为读者提供田径教学与训练实践研究方面的帮助。

在写作过程中，笔者参考了部分相关文献、资料，获益良多，在此谨向其作者表示衷心的感谢。

由于笔者水平有限，部分问题的研究还有待进一步深化、细化，书中难免存在一些不足之处，敬请广大读者批评指正。

鲁长春

2025 年 1 月

目　录

第一章　田径教学与训练的基本理论

第一节　田径运动概述

一、田径运动的基本概念

田径运动是体育运动中最古老且最基本的形式，其定义涉及多方面的内容。作为一种综合性的体育活动，田径运动涵盖了跑、跳、投等多个项目，这些项目不仅能够考验运动员的速度和力量，还需要他们具备良好的运动技巧和协调能力。在田径运动中，速度、力量和技巧三者的有机结合是运动员取得优异成绩的关键。

田径运动根据项目类型可以划分为田赛和径赛两大类。田赛主要包括跳跃和投掷项目，如跳高、跳远、铅球和标枪等，径赛则涵盖了从短跑到长跑的各种距离的跑步比赛。项目的多样性使得田径运动具有广泛的吸引力和参与性。

田径运动还可以根据性别和年龄进行分类，分为男子组、女子组以及不同年龄段的比赛。这种分类方式不仅体现了田径运动的包容性，也为不同群体提供了参与和展示自我的公平平台。无论是青少年还是老年人，都可以在适合自己的组别中参与比赛，享受田径运动带来的乐趣和挑战。

在田径运动中，竞赛形式也具有多样性，包括个人赛和接力赛。个人赛注重选手的个人能力和临场发挥，接力赛则强调团队配合和战术安排。在接力赛中，队员之间的默契和交接棒技术至关重要，往往直接影响到比赛的结果。因此，接力赛不仅是对运动员速度和耐力的考验，更是对运动员团队协作能力的综合检验。

二、田径运动的基本规则与裁判

（一）基本规则

田径运动作为一项历史悠久的体育项目，其基本规则是确保比赛公正与顺利进行的基石。

田径比赛的起跑规则是比赛开始阶段非常关键的部分之一。起跑器是短跑项目中不可或缺的装备，能够帮助运动员在起跑时获得更好的爆发力。起跑信号的发出通常由发令枪完成，这要求运动员在听到信号后迅速作出反应，同时遵循相关的行为规范，如不得抢跑等，否则将受到警告或被取消比赛资格。起跑规则的严格执行不仅是对运动员自身能力的考验，也是对裁判员专业水平的检验。

田径比赛对跑道和场地的要求都极为严格，以确保不同项目的公平性和安全性。国际田径联合会对跑道的宽度、长度以及标线的设置都有详细规定。标准化的场地设计不仅有助于运动员发挥最佳水平，也便于裁判员进行比赛监督和管理。跑道的宽度通常为 1.22 米，长度则根据项目不同而有所变化，例如 400 米跑道是田径场的标准配置。此外，场地的表面材料也需符合国际标准，以降低运动员受伤的风险并提高比赛的竞技水平。

田径比赛的计时与计分规则是确保比赛结果准确性与公正性的核心。现代田径比赛普遍采用电子计时和人工计时相结合的方式。在短跑、跨栏等项目中，通过电子计时系统的感应器精确记录运动员的成绩，确保毫秒级的准确性。而在一些长距离项目中，人工计时作为电子计时的补充，提供了双重保障。计分规则需根据不同项目的特点进行设置，如跳高、跳远等项目采用最佳成绩计分方式，以确保比赛的公平性和竞技性。

（二）裁判职责

裁判在田径比赛中扮演着至关重要的角色，其主要职责是确保运动员严格遵守比赛规则。裁判需要监督运动员从起跑、比赛过程到比赛结束的各个环节。起跑阶段，裁判必须确保运动员没有抢跑，并在必要时给予警告或取消违规者的比赛资格。在比赛过程中，裁判需要密切关注运动员是否遵循规定的赛道和路线，特别是在长跑和接力赛中，确保运动员不得违规超越或干扰他人。在比赛结束时，裁判负责确认运动员是否按照规定完成比赛，并根据规则判定最终成绩。

此外，裁判有责任记录比赛结果和成绩，确保所有数据的准确性。在记录过程中，裁判必须细致入微，避免任何可能导致成绩误差的疏忽。比赛结束后，裁判需及时将结果报告给相关人员，如技术官员和比赛组织者等，以便进行后续的排名和奖项颁发。裁判在记录成绩时，通常使用电子设备计时和手动记录相结合的方法，以确保数据准确性。

在比赛中，难免会出现争议和投诉，裁判须具备处理相应情况的能力。裁判必须依据规则对比赛中的争议进行公正的裁决，确保所有参与者在公平的环境中竞争。在处理投诉时，裁判需要保持冷静和客观，仔细听取各方意见，并根据比赛规则和事实作出合理的判断。在必要时，裁判可以咨询其他裁判员或技术官员，以获得更全面的视角和建议。

裁判需与其他裁判员进行有效的沟通与协调，以确保比赛的顺利进行和安全管理。田径比赛通常涉及多个项目和场地，裁判之间的协作至关重要。通过定期的裁判会议和沟通，裁判之间可以分享信息和经验，协调各自的工作任务，确保每个项目的裁判都能在其职责范围内有效履行职责。这种协作不仅有助于比赛的顺利进行，也有助于提升裁判团队的整体效率和专业水平。

三、田径运动的场地与器材要求

（一）场地要求

田径运动在全球范围内被广泛推行，其场地要求是确保运动员安全和比赛公平的重要基础。

田径场地的平整度是首要考量因素。平整的场地能够有效降低运动员在跑步、跳跃或投掷时的受伤风险，并提高比赛的公平性。凹凸不平的场地可能导致运动员失去平衡，从而影响比赛成绩，甚至对运动员造成伤害。因此，国际田联对田径场地的平整度有严格标准，以确保运动员在最佳条件下进行竞技。

田径场地的尺寸标准也是场地要求的重要组成部分。根据国际田联的规定，标准田径跑道的长度为400米，宽度至少为7.32米。标准化尺寸确保了全球各地的田径比赛都能在相同的条件下进行，避免场地尺寸差异导致的比赛不公。标准化的场地尺寸不仅有助于公平竞技，也为运动员提供了熟悉的比赛环境，使其能够充分发挥竞技水平。

安全设施配置是田径场地设计中不可或缺的一部分。防护网、缓冲区等设施旨在保护运动员的安全，防止其在比赛和训练中发生意外。特别是在投掷项目中，如标枪或铅球等，防护网能够有效阻止器材飞出场地，避免对运动员和观众造成伤害。此外，缓冲区可以在运动员冲刺或跳跃时提供额外的安全保障，减少因惯性导致的意外碰撞。

（二）器材要求

田径器材在田径运动中扮演着至关重要的角色，其设计和使用直接关系到运动员的训练效果和比赛成绩。

田径器材的安全性要求是首要考虑因素。所有器材必须经过严格的安全检测，以确保在使用过程中不会对运动员造成任何伤害。安全性不仅关乎运动员的身体健康，也影响到比赛的顺利进行。因此，器材的设计和材料选择需要符合最高的安全标准，避免器材故障导致的意外事故。

田径器材的适用性同样不容忽视。不同的田径项目对器材有不同的要求，因此器材的设计应充分考虑各项目的特性。例如，短跑和长跑的起跑器需要具备不同的弹性和稳定性，投掷项目的器材则需要根据运动员的力量和技术特点进行调整。适用性不仅提高了运动员的表现，也使得训练更加高效和有针对性。

田径器材的维护和保养是保证其长期使用的关键。定期检查和维护器材的性能，确保其在比赛和训练中始终处于最佳使用状态，是每个田径团队都必须重视的工作。器材的磨损和老化会影响其功能和安全性，因此及时的维护和必要的更换是保证运动员安全和比赛公平的重要措施。

田径器材的标准化是确保比赛公平性和技术一致性的基础。所有器材需符合国际田联的技术标准，这不仅是对比赛结果的尊重，也是对运动员努力的认可。标准化的器材使得各国运动员在同一标准度量上竞争，体现了田径运动的公平性和国际化特征。因此，遵照国际标准进行器材的选择和使用，是田径运动发展的必然要求。

第二节　田径教学的基本概念

一、田径教学的定义与目标

（一）田径教学的定义

田径教学是以田径运动为主要内容，通过系统的教学方法和训练手段，提升学生运动技能与身体素质的过程。这一过程不是简单的技巧传授，而是一个综合性的教育实践活动。田径教学的定义强调其作为一种教育形式的多重功能，包括身体素质的提高、运动技能的掌握以及心理素质的培养。田径运动涵盖跑、跳、投等多种项目，通过这些项目的训练，学生能够在体能和技巧等方面得到全面的发展。

田径教学强调理论与实践相结合，通过科学的训练计划和教学策略，帮助学生掌握田径项目的基本技能与技术。现代田径教学不仅依赖传统的教学经验，还需借助运动科学的最新研究成果，以确保教学的科学性和有效性。在教学过程中，理论知识的传授与实践技能的训练相辅相成，教师需要根据学生的具体情况制订个性化的训练计划，确保每个学生都能在自己的节奏中取得进步。

田径教学应关注个体差异，根据学生的年龄、性别和运动基础，制定适合的教学方案，以满足不同学生的学习需求。学生在身体素质、运动能力和心理特征等方面存在显著差异，田径教学需要因材施教。教师在设计教学内容时，应充分考虑这些差异，灵活调整教学策略，以便每个学生都能在最适合自己的环境中学习和成长。这种个性化的教学方法不仅能提高教学效果，还能提高学生的学习兴趣和积极性。

（二）田径教学的目标

田径教学的目标是多方面的，旨在通过科学的教学方法和系统的训练手段，全面提升学生的运动能力和素质。

田径教学的首要目标是培养学生的基本运动技能。这包括对跑、跳、投等田径项目技术动作的掌握。通过基本技能的训练，学生不仅能够提高自身的运动表现，还能在竞技能力上有所突破。田径运动的技术动作复杂多样，要求学生在学习过程中不断磨炼自己的运动技巧和协调性，以取得最佳的运动效果。

在增强学生身体素质方面，田径教学也扮演着至关重要的角色。系统的田径训练可以有效提升学生的力量、耐力、速度和灵活性。身体素质的提高，不仅有助于学生在田径项目中取得优异成绩，更能促进其全面健康的发展。通过合理的训练计划和科学的训练方法，学生的身体素质能够得到全面的提升，为其参与其他体育项目奠定坚实的基础。

田径教学还承担着激发学生运动兴趣与参与意识的任务。通过多样化的教学内容和生动有趣的训练方式，学生在田径运动中能够体验到乐趣，从而激发其参与田径运动的积极性。培养学生的运动兴趣，不仅能够提升教师课堂教学效果，还能帮助学生养成终身锻炼的习惯。长期坚持积极参与田径运动的学生，往往能够培养健康的体魄和良好的生活方式。

在心理素质的发展方面，田径教学同样具有重要意义。通过参与田径运动，学生能够在竞争和挑战中不断增强自信心和专注力。心理素质的提升，有助于学生在面对竞技体育中的压力时，表现出更强的抗压能力。田径教学不仅是身体素质的训练，更是心理素质的培养。通过科学的教学方法，学生能够在田径运动中获得全面的成长，为应对未来的挑战作好准备。

二、田径教学的内容与体系

（一）教学内容的构成

田径教学的内容与体系是复杂而全面的框架，旨在培养学生的全面素质。教学内容不仅涵盖了技术动作的训练，还包括身体素质的提升和心理素质的培养。

田径教学的内容包括跑步、跳跃和投掷等项目的技术动作训练。这些项目的技术动作需要通过科学的训练方法来达成，以确保学生能够掌握正确的运动技巧。此外，教学内容还包括对学生身体素质的提升，强调力量、速度、耐力和灵活性等方面的综合训练。身体素质的提升不仅有助于提高学生的运动能力，还能提升他们的身体健康水平。

田径教学的基本技能训练是田径教学内容的重要组成部分，涵盖了跑步、跳跃和投掷等项目的具体技术动作与训练方法。在跑步训练中，学生需要掌握正确的起跑、加速和冲刺等技术，以提高速度和效率。跳跃项目要求学生掌握助跑、起跳和腾空等协调动作，以实现更高或更远的跳跃。投掷训练则注重力量的运用和技术的精确性，以提高投掷的距离和准确性。技能训练不仅需要学生努力实践，还需要教师的科学指导和合理安排，以帮助学生在技术上不断进步。

身体素质的提升是田径教学中不可或缺的一部分，其强调力量、速度、耐力和灵活性等方面的综合训练。力量训练是指通过器械训练和自重训练等方式，增强学生的肌肉力量和爆发力。速度训练则通过短跑和变速跑等方法，提高学生的反应速度和快速运动能力。耐力训练通常采用长跑和间歇跑等训练方式，以增强学生的心肺功能和持久运动能力。灵活性训练则通过拉伸运动和柔韧性练习，增加学生的关节活动范围和肌肉柔韧性。身体素质的提升不仅有助于提高学生的运动表现，还能有效预防运动损伤。

心理素质的培养在田径教学中同样重要，其注重自信心、专注力和抗压能力的提升。自信心可以通过设定小目标并逐步实现来增强，帮助学生在训练和比赛中保持积极的心态。专注力的提升需要通过专注训练，如冥想和视觉化练习等，帮助学生在比赛中集中注意力，减少外界干扰带来的影响。抗压能力的提升则通过模拟比赛环境和心理辅导等，帮助学生在面对压力时依然能够发挥最佳水平。心理素质的培养不仅有助于提高学生的运动表现，还能帮助他们在生活中从容地应对各种挑战。

（二）教学体系的结构

田径教学的体系结构是复杂且多层次的系统，旨在全面提升学生的田径技能和综合素质。完善的教学体系不仅需要涵盖各个田径项目的基本技术和策略，还需结合理论知识，以实现技术与理论的有机结合。教学体系的设计应以学生为中心，根据其年龄、体能和兴趣等进行个性化调整，确保每个学生都能在适合自己的节奏中学习和进步。通过系统化的课程安排，学生能够在掌握基本技能的同时，培养良好的体育精神和团队合作意识。

田径教学的课程设计是教学体系的核心环节，合理的课程设计能够有效促进学生的技能发展和体能提升。课程设计需要考虑到不同项目的特点以及学生的个体差异，通过科学的时间分配与训练强度的调整，确保学生在学习过程中能够获得全面的发展。具体而言，课程应涵盖短跑、长跑、跳远、铅球等项目，各个项目的教学安排都需要根据项目特点和学生实际进行调整，以达到最佳的教学效果。

田径教学的评估与反馈机制是教学体系中不可或缺的一部分，通过定期的技能测试和比赛表现评估，学生能够清晰地了解自身的进步与不足，有助于促进个体化学习和自我提升。评估机制的设计应注重多样化和科学性，既要关注学生的技术水平和比赛成绩，也要重视学生的学习态度和参与积极性。通过客观的评估数据，教师可以及时调整教学计划，帮助学生制定更加合理的训练目标。

田径教学的教练员培训体系在提升教学质量和运动员训练效果方面都发挥着重要作用。教练员不仅是技术指导者，更是学生成长的引导者，其专业水平和教学能力直接影响到学生的学习效果。培训体系应包括专业知识的更新、教学方法的创新以及心理辅导技能的提升，帮助教练员不断提升自身素质，以更好地适应现代田径教学的需求。通过系统的培训，教练员能够在教学过程中发挥更大的作用，促进学生的全面发展。

田径教学的安全管理措施是保障学生在训练与比赛中人身安全和健康的重要手段。为保障安全管理需要制定系统的安全规范与应急预案，涵盖训练场地的安全检查、设备的使用规范、应急处理流程等多个方面。教师和教练员需要定期进行安全知识培训，提高自身安全意识和应急处理能力，以确保在突发事件中能够迅速有效地采取措施。通过建设完善的安全管理体系，学生能够在一个安全、健康的环境中进行田径训练，减少意外。

三、田径教学的组织与管理

（一）组织形式

田径教学的组织形式是确保教学活动有效进行的关键。根据学生的年龄和技能水平进行分组是组织形式的基础，以确保每个学生都能在适合自己的环境中学习和提高。例如，年龄较小或技能水平较低的学生需要更多的基础训练和指导，年龄较大或技能水平较高的学生则需要更具挑战性的训练内容和自主训练的空间。合理的分组不仅可以提高教学的针对性，还能促进学生之间的互动与合作，增强他们的团队意识和竞争意识。

田径教学可以通过课外活动和校内比赛相结合的方式来丰富学生的学习体验。课外活动提供了一个相对轻松的环境，能让学生在非正式的氛围中尝试新的技能和战术，校内比赛则为学生提供了一个展示和检验自己能力的平台。在比赛中，学生能够体验到竞争的压力和乐趣，对他们的心理素质和抗压能力的提升有着重要的作用。此外，比赛成绩也能为教师提供一个评估学生进步情况和调整教学计划的依据。

为了提高学生的训练效率和竞技水平，定期组织训练营和集训活动是有效的手段。这些活动可以集中资源和时间，让学生在短时间内接受高强度的训练，同时也为他们提供了一个与其他学校或地区的学生交流和学习的机会。在训练营中，学生不仅能提升自己的技能水平，还能从其他优秀选手和教练的经验中获益。这样的集训活动也有助于培养学生的独立性和自律性，因为他们需要在集体生活中学会管理自己的时间和行为。

随着科技的进步，田径教学也应结合现代科技手段来提高教学的科学性和针对性。视频分析和数据监测等技术可以帮助教师更准确地评估学生的技术动作和身体状态，从而制订更为个性化的训练计划。通过视频分析，学生可以直观地看到自己的动作表现，及时发现并纠正错误。数据监测则可以为获取学生的训练负荷、心率变化等提供科学依据，帮助教师合理安排训练强度和恢复时间，避免运动损伤的发生。这样的科技手段不仅提升了教学的效率，也丰富了学生的学习体验。

（二）管理策略

在田径教学中，管理策略的制定和实施是确保教学活动高效、有序进行的关键。管理策略不仅涉及教学资源的合理配置，还包括教学目标的明确和教学流程的优化。为了实现这些目标，建立健全的田径教学管理制度是必不可少的。这一制度应当明确各级教练员和教师的职责，使每个参与者都能清楚自己的任务和责任。明确的职责分工能够有效减少教学活动中的混乱，提高教学的整体效率。同时，制度的建立也为规范教学行为提供了依据，确保教学质量的稳定性。

实施定期的教学评估与反馈机制对于田径教学的持续改进具有重要意义。通过学生的技能测试和比赛表现，可以客观地评估教学效果。这种评估不局限于学生的个人成绩，还应关注他们在训练中的表现和进步。基于这些评估结果，教师可以及时调整教学策略和内容，以更好地适应学生的需求和发展方向。此外，反馈机制的建立也鼓励学生积极参与到教学过程中，形成良好的互动和交流氛围。这种动态的调整和反馈机制，是提高田径教学质量的重要手段。

加强与家长的沟通与合作，是田径教学管理中不可忽视的一环。定期召开家长会，向家长介绍田径教学的目标和进展，可以有效争取来自学生家庭的支持与配合。通过家长的参与，教学目标可以在家庭环境中得到进一步的巩固和延伸。家长的支持不仅能为学生提供更好的学习环境，也能增强学生的学习动力和信心。此外，家长的反馈也为教学策略的调整提供了重要参考，使教学计划更加贴合学生的实际情况。

现代信息技术的应用，为田径教学管理带来了新的契机。通过建立田径教学管理平台，可以实现教学资源的共享与信息的实时更新。这种平台不仅能提高教学管理的效率，还能为教师和学生提供丰富的教学资源和信息支持。实时更新的信息可以帮助教师及时掌握教学动态，调整教学计划。同时，信息技术的应用也为学生提供了更多自主学习的机会，拓宽了他们获取知识的渠道。信息技术与教学的深度融合，标志着田径教学管理的现代化进程。

第三节　田径训练的基本原理

一、田径训练的负荷与恢复

（一）负荷强度控制

负荷强度控制是田径训练中的核心环节之一。科学评估负荷强度需要通过监测运动员的心率、乳酸水平和主观感受，确保训练强度与运动员的实际能力相匹配。科学的评估不仅能够帮助教练员准确把握运动员的身体状态，也为制订合理的训练计划提供了依据。例如，心率监测可以实时反映运动员的心血管系统负荷情况，乳酸水平则是评估机体无氧代谢负荷的重要指标。通过结合这些生理参数，教练员能够更好地调整训练强度，以避免过度训练或训练不足。

在田径训练中，根据不同训练阶段和目标调整负荷强度尤为重要。基础训练阶段，主要以提高运动员的体能储备为目标，训练强度相对较低；专项训练阶段则侧重于提高专项能力，训练强度逐渐增加；而在比赛准备阶段，训练强度达到高峰，以模拟比赛强度为主。合理分配训练强度不仅能提高训练效果，还能有效预防运动损伤。通过阶段性调整训练负荷，运动员可以在不同阶段获得最佳的训练效果。

实施周期化训练是负荷强度控制的另一重要策略。周期化训练能通过分阶段逐步增加负荷强度，使运动员的身体逐渐适应更高的训练要求。这种方法可以有效避免训练强度过大导致的疲劳和伤害。周期化训练不仅考虑到运动员的生理适应过程，还结合了心理因素，使运动员在训练过程中保持良好的心理状态。通过合理的周期化安排，教练员能够在训练中实现运动员负荷与恢复的动态平衡。

个性化的负荷强度控制方案是基于运动员的个体差异制定的。每位运动员的生理特征和训练需求各不相同，因此制订个性化的训练计划尤为重要。通过分析运动员的历史训练数据和当前的身体状态，教练员可以为每位运动员量身定制训练负荷方案。个性化的训练不仅提高了训练的有效性，还能增强运动员的自信心和训练积极性。

定期进行训练负荷的回顾与调整是确保训练效果的关键步骤。教练员需要根据运动员的恢复状态和训练效果，灵活改变训练强度，以达到最佳训练效果。通过对训练负荷的回顾，教练员可以识别出训练中的不足，并及时进行调整。这种动态调整机制不仅提高了训练的科学性，还能帮助运动员在训练中不断突破自我，达到更高的竞技水平。

（二）恢复方法选择

在田径训练中，恢复方法的选择对于运动员的全面恢复至关重要。恢复方法的多样性不仅体现在生理层面，还涉及心理和营养方面。科学合理地选择恢复方法，能够有效提升训练效果，减少运动损伤。

主动恢复方法是田径训练中常用的恢复策略之一。低强度的有氧运动，如慢跑或游泳等，被广泛应用于运动后的恢复阶段。这些活动不仅能够促进血液循环，还能加速代谢废物的排出，减少肌肉酸痛。适度的运动刺激，能够帮助运动员逐渐降低身体的疲劳水平，同时保持一定的运动状态，有助于提高后续训练的适应性。

被动恢复方法则主要依靠外界的辅助手段来缓解肌肉的紧张状态。按摩是被动恢复中常见的方法之一，通过专业的手法刺激肌肉组织，能够有效地放松肌肉，缓解因训练造成的紧张和僵硬。热敷和冷敷作为温度疗法的两种，也在被动恢复中占据重要地位。热敷通过提高局部血流量，加速肌肉的修复过程；冷敷则能够迅速降低局部温度，减少炎症反应和肿胀，促进恢复。

营养补给策略在训练后的恢复中扮演着不可或缺的角色。科学的营养补给可以显著加快肌肉的修复和能量的恢复。训练后及时补充碳水化合物和蛋白质是关键，碳水化合物能够迅速补充肌糖原的储备，蛋白质则能够为肌肉的修复和生长提供必要的氨基酸。合理的营养补给策略不仅有助于运动员恢复体能，还能为下一次高效训练奠定基础。

心理恢复方法在现代田径训练中逐渐受到重视。冥想和放松训练等心理恢复手段，可以有效帮助运动员减轻心理压力，提高心理韧性。通过调节心理状态，运动员能够更好地应对训练和比赛中的各种压力，提升整体恢复效果。心理恢复不仅改善了运动员的精神状态，也为身体的恢复创造了良好的心理环境。

充足的睡眠与休息是确保运动员在训练与比赛之间有足够恢复时间的基础。高质量的睡眠能够显著增强身体的自我修复能力，促进肌肉的生长和恢复。合理安排休息时间，能够确保运动员在每个训练周期后得到充分的恢复，避免过度训练带来的负面影响。通过科学合理的恢复方式，田径运动员能够在训练与比赛中保持最佳状态，实现更高的运动表现。

二、田径训练的周期与阶段

（一）周期划分

田径训练周期是指将训练过程划分为若干周期，以便更有效地组织和实施训练计划。训练周期通过科学合理的时间分配与强度安排，确保运动员在比赛时达到最佳竞技状态。周期划分在训练计划中占有重要地位，其不仅是训练计划的核心构成，也为教练员提供了制定训练策略的框架。

训练周期可划分为宏周期、中周期和微周期，各自具有独特的特点与作用。宏周期通常是一个较长的训练阶段，可能涵盖一个赛季或一年，其主要任务是为运动员的全面发展奠定基础。中周期则是中等长度的训练阶段，通常持续几周至几个月，重点在于实现特定的训练目标。微周期是最短的训练阶段，通常为一周，旨在精细调整运动员的状态。每种周期类型都在训练计划中扮演着不可或缺的角色，支持教练员和运动员实现训练目标。

根据运动员的训练目标和比赛时间安排周期是确保训练有效性与针对性的关键。教练员需要根据运动员的个人特点、竞技水平和比赛日程，合理安排每个周期的训练内容和强度。通过科学的周期划分，运动员能够在训练过程中逐步提高体能、技术和心理素质，从而在比赛中发挥出最佳水平。周期划分的合理性直接影响到运动员的训练效果和比赛成绩。

在周期划分中，负荷与恢复的关系至关重要。合理安排训练强度与恢复时间是周期划分的核心任务之一。在不同阶段，教练员需要根据运动员的身体状况和训练负荷，科学地设计训练计划，确保运动员的身体机能在高强度训练后能够充分恢复。这样不仅能提高训练效果，还能有效地预防运动损伤，提高运动员的长期竞技能力。

周期划分对运动员心理状态的影响也不容忽视。科学的周期设计能够帮助运动员在训练过程中保持积极的心理状态，提高心理适应能力与竞技表现。通过合理的周期安排，运动员在训练中可获得成就感与自信心，进而在比赛中发挥出最佳水平。教练员在设计训练周期时，应充分考虑运动员的心理需求，确保训练计划的全面性与科学性。

（二）阶段目标设定

在田径训练中，阶段目标的设定是实现运动员全面发展的关键步骤。通过合理的目标设定，教练员能够引导运动员在不同的训练阶段中有针对性地提升自身能力。

设定短期目标是阶段目标设定的首要任务，有助于运动员在特定时间内实现技术动作的基本掌握与应用。短期目标的设立应考虑到运动员当前的技术水平和训练需求，确保其在逐步适应训练要求的过程中，在技术动作上取得实质性进步。这不仅有助于提高运动员的技能水平，还能增强其训练的积极性和自信心，为后续的训练奠定良好的基础。

中期目标的设立需要关注运动员身体素质的全面提升，特别是在力量、速度和耐力等方面的进步。中期目标是短期目标的延续和深化，通过系统的训练，运动员可以在身体素质上实现显著的提升。力量训练可以增加运动员的爆发力和肌肉耐力，速度训练则有助于提高其反应速度和灵活性，耐力训练则是确保运动员在长时间的比赛中保持高水平竞技状态的关键因素。通过中期目标的实现，运动员不仅能够增强身体素质，还能为后续的专项训练打下坚实的基础。

长期目标的设定则是为了明确运动员在竞技水平上的提升方向。长期目标通常涉及运动员参加比赛和获得成绩的愿景，其不仅是促进运动员个人成长的动力，也是团队整体发展的方向标。长期目标的设立需要结合运动员的潜力和实际情况，鼓励其在训练中不断突破自我，朝着更高的竞技水平迈进。通过长期目标的引导，运动员能够树立明确的奋斗目标，并在教练员的指导下，逐步提高自身竞技水平。

（三）阶段性调整

田径训练的阶段性调整是确保运动员在整个训练过程中保持适应性与有效性的关键。训练计划的内容和强度都需要根据运动员的反馈进行及时调整。这种调整不仅有助于运动员适应不同的训练负荷，还能有效避免过度训练带来的风险。通过阶段性调整，教练员可以在训练过程中更好地掌握运动员的身体和心理状态，确保其在每个训练阶段都能达到预期的效果。

在不同的训练阶段，运动员的身体状态和心理反应都有所不同。因此，灵活安排恢复时间是取得最佳训练效果的重要策略。合理的恢复时间安排，不仅能帮助运动员在高强度训练后尽快恢复，还能在心理上给予他们调整和适应的机会。通过这种方式，运动员能够在每个训练阶段都保持最佳状态，从而为后续的训练打下坚实的基础。

针对运动员在特定技能上的提升，教练需要适时调整训练的重点。这种调整有助于运动员在技术细节和战术应用上取得更好的提升。通过细致的观察和分析，教练员可以发现运动员在技术动作中的不足，并通过针对性的训练加以改进。同时，战术训练的调整也能帮助运动员在比赛中更好地发挥其技术优势。

定期评估运动员的整体表现是阶段性调整的重要组成部分。通过系统的评估，教练可以对运动员的训练效果进行全面分析，并依据评估结果对训练目标进行重新设定。这样的调整不仅能够保持训练的针对性和挑战性，还能激励运动员不断追求更高的目标，提升他们的竞技水平。

结合季节变化和比赛安排，合理调整训练周期的划分，是确保训练计划与实际比赛时间最佳契合的必要措施。季节变化可能会影响运动员的训练环境和身体状态，比赛安排则决定了运动员需要在何时达到最佳竞技状态。通过科学的周期划分和调整，教练员可以帮助运动员在重要比赛中发挥出最佳水平。

三、田径训练中的技能迁移与泛化

（一）技能迁移机制

技能迁移机制是指在田径训练中，运动员通过学习一种技能而将其应用于其他相关技能的能力。这一机制的定义及其重要性在于，其能够帮助运动员在掌握某一项技能后，将其有效地运用到其他类似或相关的运动项目中，从而提高整体训练效果。在田径训练中，技能迁移的存在使得运动员能够更为灵活地应对不同项目的挑战，促进其综合能力的发展。

技能迁移的类型主要包括正迁移和负迁移。正迁移是指一种技能的学习能够促进对另一种技能的掌握，进而有助于技能学习的迁移。例如，一名运动员在短跑训练中掌握了爆发力的技巧，可能对其在跳远项目中的表现产生积极影响。相反，负迁移则指一种技能的学习可能阻碍另一种技能的发展，导致训练效果不佳。因此，教练在设计训练计划时需要慎重考虑技能之间的相互影响。

影响技能迁移的因素多种多样，如运动员的基础技能水平、训练环境、心理状态等。运动员的基础技能水平越高，往往更容易实现技能迁移。此外，良好的训练环境和积极的心理状态也能显著提高迁移的效果和速度。教练员在制定训练方案时，需综合考虑这些因素，以确保技能迁移的顺利进行，从而提升运动员的整体表现。

在田径训练中，技能迁移的应用实例丰富多样。例如，通过跨项目训练，运动员可以在不同项目中相互借鉴技战术，提高在特定项目中的表现。又如，跳高运动员可以通过跨栏训练提高腿部力量和灵活性，进而在比赛中取得出色表现。这种跨项目的技能迁移不仅提高了运动员的技术水平，还增强了其适应不同项目的能力。

为了优化训练方案，技能迁移的评估方法尤为重要。教练员可以通过测试和观察，评估运动员在不同技能间的迁移能力。具体方法包括定期的技能测试和比赛模拟，以检验运动员在新项目中的适应能力和表现。通过这些评估，教练员能够更好地了解运动员的进步情况，并据此调整训练计划，确保技能迁移的有效性和科学性。

（二）泛化训练方法

泛化训练方法在田径训练中扮演着关键角色，旨在通过多样化的训练内容提升运动员的整体技能水平。泛化训练方法能够帮助运动员在不同情境下灵活应用所学技能，从而提高比赛表现。这种方法不局限于单一技能的反复练习，而是通过多样化的训练内容，促进技能在不同项目和环境中的迁移和泛化。这一过程强调运动员在训练中需要接触多种运动情境，从而在比赛中更好地适应环境和表现自我。

跨项目训练的实施是泛化训练方法中的重要组成部分。通过利用不同田径项目间的相似技能进行训练，运动员能够在项目间实现技能的迁移和泛化。例如，跨栏与短跑项目中都涉及腿部爆发力的训练，这种相似性使得运动员可以通过跨项目训练增强其对特定技能的灵活运用。此外，跨项目训练还可以激发运动员的兴趣，增加训练的新鲜感和挑战性，提高训练的积极性和效果。

多样化训练环境的创建是泛化训练方法的另一个重要方面。通过改变训练场地和条件，运动员可以增强对不同环境的适应能力。在实际比赛中，运动员可能会面临不同的场地条件，如天气变化、场地材质差异等，因此在训练中模拟环境变化可以提高运动员的适应能力。例如，在不同地形上进行跑步训练，或是在不同天气条件下进行练习，都有助于运动员更好地应对比赛中的各种挑战。

结合游戏化元素的训练设计可以显著增强运动员的参与感和训练效果。通过将趣味性和竞争性融入训练中，可以使运动员在愉悦的氛围中进行高效练习。游戏化元素不仅能够激发运动员的内在动力，还可以通过竞争机制提高训练的强度和效果。例如，设置团队竞赛或个人挑战赛，使运动员在享受乐趣的同时，也能提高技能水平和团队协作能力。

定期评估与反馈机制是泛化训练方法中不可或缺的一环。在训练过程中，通过数据分析和表现评估，教练员可以及时了解运动员的训练情况，并根据反馈调整训练内容，以优化技能泛化效果。这种机制不仅有助于教练在训练计划中做出科学决策，还能促使运动员在训练中保持积极性和目标感。通过定期评估，运动员可以清晰地看到自己的进步，从而增强自信心和训练动力。

第四节　田径教学与训练的意义

一、田径教学与训练对个人发展的意义

（一）身体素质的提升

田径教学与训练在提升运动员身体素质方面具有显著作用。通过系统的身体素质训练，可以使运动员的心肺功能得到有效增强。这种训练方式注重提高氧气摄取和利用效率，从而显著提升运动员的整体耐力水平。对于运动员耐力的提升不仅在田径运动中至关重要，在其他体育活动中的表现也有积极影响。心肺功能的增强有助于运动员更好地应对长时间的体力活动，减少疲劳感，提高学习和生活的质量。

田径项目特别强调力量训练，这在投掷和跳跃项目中尤为明显。通过这些项目的训练，运动员的肌肉力量能够得到显著增强，骨骼和肌肉的健康发育也能得到促进。力量训练不仅提高了运动员的运动表现，还对其身体健康有长期的积极影响。增强的肌肉力量有助于运动员在日常活动中更好地支撑和保护身体，降低受伤的风险。

田径训练对运动员的灵活性和协调性均有积极影响。通过一系列的训练活动，运动员的身体协调能力能够得到提升，使他们能够在日常生活中更好地控制身体，降低运动伤害的风险。灵活性和协调性是许多运动项目的基础，通过

田径训练，运动员在这些方面的能力得到了加强，从而提高了他们在各类体育活动中的表现。

此外，田径教学与训练也注重速度的提升，尤其是在短跑和中长跑的训练中。速度训练能够增强运动员的爆发力和反应速度，对其运动表现产生积极影响。爆发力的提高不仅有助于运动员在田径比赛中取得优异成绩，也对其在其他体育项目中的快速反应和动作执行能力有显著的促进作用。通过速度训练，运动员的运动表现能够得到全面提升，有助于他们在多种运动项目中展现出色的能力。

（二）心理素质的增强

田径教学与训练在心理素质的增强方面具有重要作用。

通过系统的训练和比赛，运动员的自信心得到了显著提升。在运动过程中，运动员通过不断的努力和坚持，逐步积累经验并获得成功，这种成就感大大增强了他们的自我效能感，使他们在面对挑战时更具信心。自信心的提高不仅有助于运动员运动成绩的提升，也能在其学习和生活中起到积极作用，帮助运动员在各种情境下保持积极的心态和迎接挑战的勇气。

田径训练还极大地促进了运动员专注力的培养。在训练和比赛中，运动员需要保持高度的注意力集中，以应对瞬息万变的赛场环境和各种突发情况。通过长期的训练，运动员能够学会如何在压力下保持冷静和专注，这种能力不仅在体育活动中至关重要，也能迁移到学术学习和日常生活中，帮助他们更好地完成任务和解决问题。

心理韧性的提升是田径训练的另一大益处。在训练和比赛中，失败和挫折是不可避免的。然而，正是在这些经历中，运动员学会了反思和调整，逐步增强了适应能力和抗压能力。通过不断的自我调整和心理建设，运动员能够在逆境中保持积极心态，继续前行。这种心理韧性不仅是体育精神的重要体现，也为学生未来的个人发展奠定了坚实的心理基础。

此外，田径教学与训练还培养了学生的团队意识。在田径项目，如接力赛中，运动员必须与队友密切配合，共同完成比赛目标。在这一过程中，学生能学会如何与他人有效沟通，理解团队合作的重要性，并在团队中找到自己的角色和价值。通过这样的团队协作，学生的沟通能力和团队合作精神均能得到显著提升，对他们未来在社会中的角色扮演和职业发展具有重要意义。

二、田径教学与训练对运动员竞技水平的提升

（一）技术能力的提高

田径训练对于提高运动员的技术能力具有重要作用。通过系统的技术动作练习，运动员能够掌握各项田径项目的基本技能，从而在比赛中展现出更高的竞技水平。训练过程中，教练需要依据不同田径项目的特点，为运动员制订个性化的技术训练计划。这些计划不仅需要考虑到每位运动员的特质和能力，还需注重提升其在专项技能上的应用能力。如此一来，运动员能够在特定项目中有最佳的竞技表现。

在田径训练中，定期进行技能测试与反馈是提高运动员技术能力的重要环节。通过测试，运动员可以清晰地识别出自身技术水平的不足。教练和运动员需要一起分析测试结果，制定针对性的改进措施。这种反馈机制不仅有助于运动员明确训练目标，也能激励他们不断追求技术上的进步。随着训练时间的推移，运动员的技术能力在不断地测试和调整中能得到显著提高。

视频分析和技术指导在田径训练中是不可或缺的。通过视频回放，运动员能够直观地观察自己的动作规范与否。教练会结合视频分析结果，提供详细的技术指导，指出动作中的错误，并提出改进建议。这种直观的学习方式，使运动员能够更快地理解和纠正技术动作，提高训练效率。通过不断的技术指导与自我反思，运动员的技术能力能够得到全面提升与完善。

（二）战术意识的增强

在田径项目中，战术意识的增强是提升运动员竞技水平的重要因素。战术意识不仅涉及运动员对比赛策略的理解，还包括他们在比赛中灵活应对各种情况的能力。通过模拟比赛情境进行训练，运动员能够在接近真实比赛的环境中实践和磨炼战术技能。这种训练方式有助于运动员在实际比赛中灵活应对不同的战术需求，提升其应变能力。战术意识的培养对于运动员在高压比赛环境下保持冷静和作出快速决策至关重要。

战术意识的增强还依赖于对对手的深入分析与研究。在田径训练中，运动员需要学会如何识别对手的弱点，并据此制定相应的战术策略。这一过程不仅需要运动员具备敏锐的观察力，还要求他们能够将观察到的信息转化为有效的

比赛策略。通过这种方式，运动员可以在比赛中掌握主动，利用对手的弱点来提升自己的竞技表现。对对手分析的能力不仅提升了运动员的战术水平，也增强了他们的自信心和比赛动力。

团队合作训练是战术意识培养的重要途径之一。在团队项目如接力赛中，运动员必须学会理解并应用集体战术，以提高团队协作意识。通过团队合作的训练，运动员能够在比赛中发挥更大的集体优势。这种训练不仅提升了个体的战术意识，还增强了团队的凝聚力和整体表现。在团队合作中，运动员需要学会如何在比赛中有效地沟通和协作，从而形成强大的战术合力。

战术意识的提升还包括对比赛节奏的掌控。在田径比赛中，比赛节奏的变化往往决定着比赛的结果。运动员需要学会如何在比赛中调整自己的速度和策略，以适应不同的比赛阶段和对手表现。这种对比赛节奏的掌控能力，使运动员能够在比赛中保持最佳状态，并在关键时刻做出正确的战术选择。通过对比赛节奏的理解和掌控，运动员可以在比赛中占据主动，最大限度地发挥自身的竞技水平。

三、田径教学与训练对全民健身的推动

（一）健身意识的普及

健身意识的普及是田径教学与训练对全民健身推动的重要体现。田径课程通过系统的教学内容，不仅提高了学生对健身的认知与重视程度，还培养了他们主动参与健身活动的意识。在田径教学中，教师通过科学的课程安排和多样化的教学方法，能够使学生在学习过程中逐步了解健身的基本理论和实践技巧。这种系统性的教育有助于学生认识到健身的重要性，并激励他们将健身融入日常生活中，形成良好的健身习惯，从而为全民健身目标的实现奠定基础。

田径训练的多样性是激发学生对体育锻炼产生兴趣的重要因素。在田径课程中，学生可以接触到跑步、跳远、投掷等项目，这些项目各具特色，能够为学生带去丰富的体验。通过参与这些多样的训练项目，学生不仅能体验到不同运动项目的乐趣，还能在实践中发现自身的兴趣和特长。这种多样化的训练形式不仅提升了学生的身体素质，还增强了他们对体育锻炼的兴趣和积极性，从而进一步强化其健身意识，使体育锻炼在未来的生活中成为一种自觉的行为。

通过田径比赛与活动的组织，学生之间的互动与合作均得到了显著的增强。

田径比赛不仅是展示个人能力的平台，更是培养团队合作精神的重要途径。在比赛过程中，学生需要与队友密切配合，共同制定竞技策略和目标，这种合作体验能够增强他们的团队意识和集体荣誉感。此外，比赛的参与感和认同感也有助于提升学生对健身活动的兴趣和参与热情。通过积极参与田径比赛，学生不仅能享受运动带来的乐趣，还能在竞争与合作中提升自我，进一步推动健身意识的普及。

田径教学中融入健康知识教育是提高学生对身体健康重要性认识的关键环节。在教学过程中，教师可以通过理论与实际操作相结合的方式，帮助学生了解科学的健身方法和健康的生活方式。此外，田径教学还强调身体健康与心理健康的协调发展，鼓励学生树立终身锻炼的理念。健康知识教育不仅提高了学生对身体健康的认识，还有助于他们形成正确的健康观念和生活态度，为实现个人的全面发展和全民健身的目标提供有力支持。

（二）健身活动的多样化

健身活动的多样化在现代田径教学与训练中扮演着至关重要的角色。通过多样化的项目设置，田径训练不限于传统的跑步、跳跃和投掷等基本技能，而是将这些技能有机结合，形成综合性的训练模式。这种模式不仅能够提升学生的综合运动能力，还可以通过不同项目间的相互促进，增强学生在田径运动中的表现力。例如，结合跑步和跳跃的训练，可以提高学生的爆发力和协调性，结合投掷的训练，则有助于增强上肢的力量和精确度。

在田径教学中，趣味性活动的引入是激发学生参与积极性的重要手段。通过开展诸如接力赛和障碍赛等趣味性田径活动，学生可以在轻松愉快的氛围中参与训练。这不仅提升了学生对田径运动的兴趣和热情，还能够在无形中提高他们的运动技能。这些活动通过团队合作和竞争，培养了学生的团队意识和竞争精神，使得田径训练不再单调，而是充满了乐趣和挑战。

跨学科的田径活动是田径教学与训练多样化的另一个重要方面。将田径与其他体育项目相结合，不仅可以丰富训练的内容，还能促进学生在不同运动中的技能迁移和全面发展。例如，将田径与足球、篮球等项目相结合，可以提高学生的身体灵活性和协调能力。同时，这种跨学科的训练方式也有助于学生在不同运动项目中找到自己的兴趣点，促进全面发展。

现代科技的进步为田径教学与训练带来了新的可能性。利用现代科技手段，设计虚拟田径训练课程，可以让学生在多样化的环境中进行训练。这种训练方式不仅提升了学生的适应能力和竞技水平，还为他们提供了一个安全、可控的训练环境。在虚拟训练中，学生可以通过模拟不同的比赛场景，提高自己的心理素质和应变能力，为今后参加实际比赛打下坚实的基础。通过多样化的训练方式，田径教学与训练不仅为学生提供了丰富的运动体验，还为全民健身事业的普及注入了新的活力。

四、田径教学与训练对文化传承的作用

（一）传统体育文化的弘扬

田径教学与训练在文化传承中扮演着重要角色，尤其在弘扬传统体育文化方面具有独特的优势。在田径教学中融入传统文化元素，可以增强学生对民族体育的认同感与归属感，激发他们对传统体育的热情。通过在课程设计中加入传统体育项目，如武术、龙舟、射箭等，学生不仅能够学习到现代体育技能，还能感受到传统体育文化的魅力。这种文化的交融，不仅丰富了田径教学的内涵，也为学生提供了多元化的学习体验，促进了他们对民族文化的理解和认同。

田径项目本身也承载着丰富的传统体育精神，如拼搏、坚持与团队合作等，这些精神在教学中得以传承和发展，能够有效提升学生的道德素养与价值观。在田径训练中，学生通过不断的训练与比赛，可以体会到坚持不懈、勇于挑战的精神价值，同时也在团队合作中学会了互助与信任。这些传统体育精神的弘扬，不仅是对学生体育能力的培养，更是对他们品质的塑造，使他们在成长过程中形成正确的人生观和价值观。

结合地方文化特色，组织传统田径赛事，是促进学生了解和体验传统文化的一种有效方式。在这些赛事中，学生可以亲身参与，感受到传统体育项目的独特魅力和文化内涵。例如，在少数民族地区，结合民族传统节日举办田径赛事，可以让学生在参与中深入了解地方文化，增强文化自信。这种实践活动，不仅能够提高学生的身体素质，还能在潜移默化中增强他们对传统文化的认同感和自豪感。

田径教学活动还可以作为传播传统体育知识与技能的平台，培养学生对传统文化的尊重与保护意识。例如，在教学过程中，教师可以通过讲解传统体育项目的历史背景和发展现状，激发学生的学习兴趣，增强他们对传统文化的保护意识。同时，通过开展相关的实践活动，如传统体育项目展示、比赛等，学

生能够在实践中加深对传统体育文化的理解，促进文化的传承与创新。这种教学实践，不仅是对传统体育文化的弘扬，也是对学生综合素养的全面提升。

（二）体育精神的传递

田径教学与训练在体育精神的传递中扮演着重要角色。体育精神不仅是体育活动的核心理念，也是文化传承的重要载体。通过田径教学，运动员可以在训练和比赛中不断磨砺自己的拼搏精神，不仅激励他们在田径场上挑战自我，超越极限，也有助于其在生活中树立积极向上的人生态度。在田径训练中，运动员可以学会如何面对失败和挫折，培养坚忍不拔的毅力和勇气。这种精神的传递，不仅仅在于个体的成长，同时也促进了整个社会的积极氛围和文化的不断进步。

田径训练注重团队合作精神，尤其是在接力赛等项目中，运动员之间需要密切配合。这种合作不仅增强了队员之间的信任和协作能力，也培养了他们在集体中如何发挥个人最大潜能的意识。团队合作精神的培养，不仅有助于运动员在比赛中取得好成绩，也为他们在日常生活和工作中与他人协作提供了宝贵的经验。通过这种体育精神的传递，田径教学不仅在竞技层面上取得了成效，更在社会文化层面产生了深远的影响。

在田径教学的过程中，学生能学习到坚持不懈的精神，这种精神尤为重要。在面对训练中的困难和比赛中的挫折时，学生能够保持耐心与毅力，这种态度不仅有助于他们在体育领域取得成功，也有助于其在学业和生活中应对各种挑战。通过坚持不懈的努力，学生们学会了如何设定目标并为之奋斗，这种能力将在他们未来的人生道路上发挥重要作用。田径教学通过这种精神的传递，能帮助学生建立起积极的人生观和价值观。

田径运动的公平竞争原则是体育精神传递的重要组成部分。通过田径教学，学生们学会了在竞技中遵循规则、尊重裁判和对手的重要性。这种公正意识不仅在比赛中至关重要，也在日常生活中培养了学生诚实和正直的品质。尊重对手、尊重规则的态度，使学生在体育之外的领域也能以公正和尊重的方式处理问题。这种体育精神的传递，不仅有助于学生个人的全面发展，也为社会的和谐发展奠定了基础。

第二章　短跑教学与训练实践

第一节　短跑技术要点分析

一、起跑技术的关键要素

（一）起跑姿势调整

在短跑项目中，起跑姿势是影响运动员比赛成绩的重要因素之一。起跑姿势不仅仅是身体的静态准备，更是动态反应的前提。科学的起跑姿势能够最大限度地发挥运动员的潜力，减少能量损耗。在实践中，教练员需要根据运动员的身体条件和技术特点，指导其调整起跑姿势，以达到最佳的起跑效果。起跑姿势的调整不仅涉及身体的前倾角度，还包括手臂、腿部的位置和肌肉的预紧张状态。合理的调整能够显著提升运动员的起跑速度和反应能力。

起跑时身体重心的调整是短跑运动中至关重要的技术要点。合理的重心位置可以帮助运动员在起跑瞬间获得更大的推进力和更快的加速度。一般而言，运动员的身体重心应略微前倾，以便在枪响后迅速进入加速阶段。重心过于靠前或靠后都会影响起跑的稳定性和速度。教练员在训练中应通过视频分析和实地演练，帮助运动员找到适合自己的重心位置，从而提高其起跑效率。重心的调整还需结合运动员的身高、腿长等个体差异进行个性化指导。

在短跑起跑阶段，手部和脚部的协调性是决定起跑质量的重要因素。手部动作的协调不仅影响起跑的平衡性，还直接关系到身体的整体协调性和速度的提升。在起跑的瞬间，运动员需要快速而有力地摆动手臂，以带动身体前倾并增加初速。同时，脚部的爆发力和蹬地动作也需要与手部动作同步，以确保起跑的连贯性和有效性。训练中，教练员应通过分解动作和重复练习，强化运动员手脚协调的能力，提升其起跑表现。

短跑起跑阶段，腿部肌肉的紧张与放松状态直接影响运动员的起跑反应和速度。适度的肌肉紧张可以为起跑提供必要的力量储备，但过度紧张则可能导致动作僵硬、反应迟缓。在起跑前，运动员应保持肌肉适度放松，以便在枪响时能够迅速激活肌肉，产生强大的爆发力。在训练中，教练员应指导运动员通过放松训练和神经肌肉协调训练，掌握腿部肌肉的紧张与放松技巧，以提高起跑效率和表现。

起跑姿势对运动员的反应时间有着直接的影响。科学合理的起跑姿势能够缩短运动员的反应时间，提高其起跑速度。起跑时，运动员的身体姿态应处于最佳的状态，以便在听到起跑信号后能够迅速做出反应。反应时间的快慢不仅取决于运动员的神经反应速度，还与其姿势的稳定性和肌肉的预紧张状态密切相关。在训练中，教练员应通过反应速度训练和姿势调整练习，提高运动员的反应能力，确保其在比赛中能够迅速起跑，抢占先机。

（二）起跑反应训练

起跑反应训练是短跑运动员在比赛中获取优势的基础。运动员需要通过系统的训练来提高起跑反应速度，从而在比赛中抢占先机。起跑反应训练不仅仅是身体素质的提升，更涉及心理准备和注意力的集中。运动员在训练中应注重提高自身的反应灵敏度，通过重复练习和模拟比赛情境，增强对起跑信号的敏感度。同时，教练也应根据不同运动员的特点，设计个性化的训练计划，以确保每位运动员都能在最短时间内作出反应。

起跑反应的心理准备与集中注意力技巧在训练中同样重要。运动员需要在比赛前进行心理调适，保持良好的心理状态，以应对比赛中的各种突发情况。集中注意力技巧的训练可以通过冥想、呼吸调节等方法来实现，从而帮助运动员在起跑时保持高度的专注。教练在训练过程中，应引导运动员通过视觉化想象等方法，预演比赛中的起跑过程，以提高运动员的心理稳定性和反应速度。

在起跑反应训练中，信号系统的设计是关键环节之一。信号系统应尽可能模拟真实比赛中的起跑信号，以帮助运动员适应比赛节奏。训练中可以使用电子发令枪、起跑声等多种信号方式，增加运动员对不同信号的适应能力和反应速度。此外，信号系统的设计还应考虑到信号的清晰度和一致性，以避免因信号不清晰而影响运动员的反应。

提高起跑反应速度的身体素质训练方法包括灵敏性训练、爆发力训练和速度训练等。灵敏性训练可以通过快速变向跑、梯子训练等方式进行，以提高运动员的反应灵敏度。爆发力训练可以通过深蹲跳、负重跳等练习增强运动员的肌肉爆发力。速度训练则侧重于短距离冲刺跑，以提高运动员的绝对速度。通过系统的身体素质训练，运动员可以在起跑时迅速启动，获得比赛优势。

模拟比赛环境设置在起跑反应训练中具有重要作用。通过模拟真实的比赛环境，运动员可以更好地适应比赛中的紧张氛围和压力，提高心理承受能力。训练中可以设置观众、裁判等比赛元素，甚至安排与其他运动员的对抗训练，以增强运动员的竞争意识和临场反应能力。通过模拟训练，运动员能够在比赛中更加从容地应对起跑阶段的压力，发挥出最佳水平。

二、加速阶段的动作细节

（一）加速阶段步幅控制

加速阶段步幅控制在短跑中扮演着重要角色，其合理性直接影响运动员的速度提升和比赛表现。加速阶段，运动员需要在最短时间内达到最高速度，这要求步幅的调整必须与身体重心的移动高度一致。通过合理控制步幅，运动员可以在保持速度的同时，避免步幅过大或过小导致的能量浪费或速度损失。国内外的相关研究表明，步幅的合理性不仅影响速度，还与运动员的技术动作流畅性密切相关。因此，在短跑训练中，教练员应根据运动员的身体条件和技术水平，制定个性化的步幅控制策略，以优化其加速表现。

加速阶段步幅的合理性与身体重心的配合是短跑技术训练中的关键环节。运动员在加速过程中，身体重心的前移和步幅的调整必须紧密结合，以确保最大限度地利用自身的力量和速度。研究表明，合适的步幅可以有效降低身体重心的波动，使运动员在加速时保持稳定的姿态，从而提高速度和效率。在训练中，教练员需要通过视频分析和生物力学测试等手段，帮助运动员找到最佳的步幅与重心配合点，以增强其加速能力。

加速步幅与步频的协调关系是短跑运动员在加速阶段需要重点关注的技术要素。步幅和步频的协调直接影响运动员的加速效率和速度极限。步幅过大可能导致步频下降，反之，步频过高又可能使步幅缩小，从而影响整体速度。通过科学的训练方法，运动员可以提高步幅与步频的协调能力，从而在加速阶段实现更高的速度。教练员应根据运动员的技术特点和生理特征，调整训练计划，以优化其步幅与步频的协调性。

加速过程中腿部肌肉的发力时机与步幅调整是短跑加速技术中的重要组成部分。合理的发力时机能够提高运动员的爆发力和速度，步幅的调整则能确保力量有效传递。研究显示，腿部肌肉在加速阶段的发力应与地面接触时间相匹配，以最大化利用地面反作用力。在训练中，运动员需要通过专项练习提高肌肉的反应速度和发力精确性，从而在加速阶段实现最佳的步幅调整。

（二）加速阶段频率提升

在短跑运动中，加速阶段的频率提升是决定运动员能否迅速达到最大速度的关键因素。加速频率的提升不仅依赖于运动员的自然能力，还需要通过科学的训练方法来实现。步频训练是提升加速频率的核心方法之一。快速步伐练习是常用的训练手段，通过反复的高频率步伐练习，运动员可以逐步提高步频的稳定性和节奏感。这种练习不仅能增强运动员的神经肌肉协调能力，还能帮助他们在比赛中更好地控制步伐节奏，从而在起跑后的加速阶段获得更佳的表现。

力量训练在提升加速频率中同样扮演着重要角色。下肢肌肉的爆发力是加速能力的基础，通过力量训练，运动员可以提高肌肉的快速收缩能力，从而在短时间内产生更大的推力。这种力量不仅体现在步频的提升上，也直接影响到运动员的起跑速度和加速能力。常见的力量训练包括深蹲、腿举和跳跃练习等，这些训练可以有效地增强运动员下肢肌肉的力量和爆发力，为加速阶段的步频提升提供坚实的基础。

技术分析工具的应用为加速频率的提升提供了科学依据。通过高科技设备对运动员的步频进行实时监测，可以精确分析每一步的有效性，帮助教练和运动员发现并纠正动作中的不足。这种技术手段不仅提高了训练的针对性，也让运动员能够在训练中及时调整自己的步频和步幅，确保每一步的高效输出，从而在加速阶段达到最佳表现。

三、途中跑的技术优化

（一）身体姿态保持

在短跑运动中，途中跑是决定选手整体表现的关键阶段。身体姿态的保持对于短跑运动员来说至关重要。

途中跑阶段的身体重心控制是提高跑步效率的核心。运动员需在跑步过程中保持重心稳定，这不仅有助于减少能量的消耗，还能确保每一步的推进更为有力。通过科学的重心控制，运动员可以在跑道上实现更为流畅的运动，避免因重心偏移导致的速度损失。

身体姿态的前倾角度调整在短跑中也扮演着重要角色。适当的前倾角度可以有效减小空气阻力，从而提升速度。研究表明，前倾角度的优化能够使运动员在减小身体阻力的同时，最大限度地发挥肌肉的爆发力和耐力。通过训练，运动员可以找到最适合自己的前倾角度，以取得最佳的速度表现。

手臂摆动的协调性对于增强身体的平衡性与推进力同样重要。在短跑过程中，手臂的摆动不仅有助于保持身体的平衡，还能通过反作用力增强身体的前进动力。在训练中，运动员需要注意手臂摆动的幅度和节奏，以确保与腿部动作协调一致，从而提高整体的跑步效率。

腿部肌肉的放松与收缩节奏是提升跑步流畅度与持续性的关键。运动员在途中跑阶段应注重腿部肌肉的放松和收缩节奏，以减少疲劳感的积累。通过合理的肌肉控制，运动员可以在保持速度的同时，延长高强度跑步的持续时间。这不仅需要运动员具备良好的肌肉耐力，还需要通过科学的训练方法来优化肌肉的反应速度和协调性。

（二）步伐节奏调整

步伐节奏调整在短跑训练中扮演着至关重要的角色。运动员在途中跑阶段必须注重步伐节奏与呼吸节奏的协调，以确保在高速运动中保持最佳的氧气供给与能量利用。这种协调不仅有助于提高运动员的跑步效率，还能有效延长其高速奔跑的持续时间。通过科学的训练和合理的节奏调整，运动员能够在比赛中保持稳定的速度，避免节奏紊乱导致的速度下降或疲劳积累。

在现代短跑训练中，视频分析技术的应用为步伐节奏的监测提供了新的可能。通过高帧率的视频捕捉，教练可以详细分析运动员在途中跑阶段的步伐频率和节奏变化。这种技术手段不仅能帮助教练识别运动员的节奏偏差，还能为运动员提供直观的反馈，帮助其在训练中及时进行调整和优化。这种基于数据的分析方法，极大地提高了训练的科学性和针对性，为运动员的技术提升提供了有力支持。

为了提高运动员对步伐节奏的感知能力，训练中可以引入音乐节拍作为辅助工具。音乐节拍能够提供稳定的节奏参考，使运动员在跑步时更容易把握步伐的频率和稳定性。这种方法不仅能增强运动员的节奏感知，还能在一定程度上激发其训练的积极性和专注度。通过与音乐节拍的结合，运动员能够在轻松愉悦的氛围中提升自身的节奏控制能力，从而在比赛中表现得更加从容和自信。

专项步伐节奏训练是帮助运动员找到最适合自己节奏模式的有效手段。通过不同跑步速度和步伐长度的组合，运动员可以在训练中探索和调整自己的节奏。这种训练方式不仅能提高运动员的节奏适应能力，还能帮助其在不同比赛条件下快速调整步伐策略。通过长时间的专项训练，运动员能够形成稳定的节奏模式，提高途中跑阶段的整体表现，为比赛中的出色发挥奠定坚实的基础。

四、冲刺跑阶段的技术要点

（一）冲刺姿势优化

冲刺姿势的优化在短跑中扮演着至关重要的角色，直接影响到运动员的速度与效率。在冲刺阶段，运动员需要将身体重心前移，使重心落在前脚掌上。这种重心的调整不仅可以帮助运动员更快地加速，还能在保持速度时提供额外的稳定性。通过重心的前移，运动员能够更好地利用地面反作用力，从而提高整体的运动表现。

手臂的摆动在冲刺中同样至关重要。手臂摆动的幅度与频率需要与腿部动作紧密协调，这种协调性能够显著增强运动员的推进力，同时保持身体的稳定。通过有效的手臂摆动，运动员可以避免身体左右摇摆带来的能量损耗，并在冲刺中保持直线的运动路径。手臂的正确摆动不仅能提高速度，还能为运动员提供心理上的节奏感。

头部和眼睛的姿态在冲刺中也不容忽视。头部应该保持稳定，眼睛视线向前，这样可以确保气道通畅，避免低头或过度仰头带来的呼吸不畅和姿态不良。正确的头部姿态不仅有助于保持良好的身体姿势，还能提高运动员在比赛中的专注力和心理稳定性。

快速与有力收腿是确保运动员每一步都能产生有效推进力的关键。在冲刺阶段，腿部的每一次收腿动作都需要迅速而有力，这样才能最大限度地减少能量损耗。通过优化腿部的动作，运动员可以在短时间内获得更大的速度提升，同时提高整体的运动效率。在训练中，针对腿部动作的优化可以通过专项训练和技术指导来实现，以帮助运动员达到最佳的冲刺效果。

（二）冲刺速度保持

在短跑项目中，冲刺速度的保持是决定比赛成败的关键因素。运动员需要在短时间内达到最高速度，并尽可能长时间地维持这种速度。冲刺阶段的呼吸控制是实现这一目标的重要环节。通过科学的呼吸训练，运动员可以在高强度的运动中保持稳定的氧气供给，这不仅有助于提高运动表现，还能有效延缓疲劳的产生。合理的呼吸节奏可以帮助运动员在冲刺过程中保持身体的节律性，从而在关键时刻发挥出最佳水平。

合理的赛道策略同样是保持冲刺速度的关键。运动员需要根据自身的技术特点和比赛环境，灵活调整跑道位置和步伐节奏，以最大限度地减小外部阻力。通过科学的赛道选择和战术安排，运动员可以在冲刺阶段保持更高的速度持续性。特别是在弯道跑过程中，合理的身体倾斜和步幅调整可以有效减少离心力的影响，从而提高整体速度。

心理素质训练在冲刺阶段也扮演着不可或缺的角色。运动员在高强度的比赛中，往往会面临巨大的心理压力和身体疲劳。通过系统的心理训练，运动员可以增强自信心和意志力，在疲劳状态下保持最佳的技术动作。良好的心理素质不仅能提高运动员的抗压能力，还能使其在比赛中发挥出超常的实力。

冲刺后期的能量管理也是确保运动员在最后阶段保持速度的关键。科学的能量分配策略要求运动员在比赛前期合理分配体能，以便在冲刺阶段能够全力以赴。通过对训练和比赛中能量消耗的分析，教练可以帮助运动员制定个性化的能量管理方案，以确保运动员在最后冲刺阶段仍能保持较高的速度。这种策略不仅有助于提高运动员的比赛成绩，还能降低其受伤风险。

第二节　短跑教学方法与技巧

一、短跑教学的基本原则

（一）科学性原则

科学性原则在短跑教学中至关重要，要求教学内容和训练方法必须建立在坚实的运动生理学基础之上。短跑是一项对速度和力量都要求极高的运动项目，运动员的生理特征和发展阶段直接影响其训练效果和竞技表现。因此，短跑教学应充分考虑运动员的肌肉纤维类型、心肺功能以及神经系统的适应能力等生理特征，以设计科学合理的训练计划。这不仅有助于提高运动员的竞技水平，还能有效预防运动损伤。

短跑技术的教学应依据运动技能学习理论，系统性地分解动作要素，使运动员逐步掌握复杂的技术动作。短跑技术包括起跑、加速、途中跑和冲刺等多个环节，每个环节的技术细节都需要通过分解和重复练习来掌握。运动技能学习理论强调从简单到复杂、从部分到整体的学习过程，能够帮助运动员在掌握基本动作的基础上，逐步提高技术的完整性和协调性，最终达到优化运动表现的目的。

制订短跑训练计划时，必须结合个体差异，考虑运动员的性别、年龄、体能水平等因素，实施个性化教学。不同的运动员在生理和心理特征上都存在显著差异，这要求教练在训练计划的制订时，充分考虑这些个体差异，以确保训练的有效性和针对性。例如，青少年运动员的训练重点应放在基本技术的掌握和身体素质的全面发展上，成年运动员则需要注重专项能力的提升和技术细节的优化。

（二）系统性原则

在短跑教学中，系统性原则是确保训练效果的关键。短跑教学应建立在系统的训练框架内，这个框架涵盖了起跑、加速、途中跑和冲刺等阶段。每个阶段的技术要点间必须相互衔接与支持，以形成一个完整的技术链条。起跑阶段，运动员需要掌握出发的时机和姿势，确保能够迅速进入加速阶段。加速阶段则要求运动员以最快的速度进入途中跑，保持最佳的运动速度和姿态。最后的冲刺阶段，运动员需全力以赴，保持速度直至终点。通过系统的训练框架，短跑教学能够有效地提升运动员的整体表现。

短跑教学不仅需要关注技术层面的训练，还应结合运动员生理、心理和技术等多方面因素，制订综合性的训练计划。生理因素包括运动员的体能、力量和速度等基本素质；心理因素涉及运动员的自信心、专注力和比赛心理素质；技术因素则包括运动员对短跑技术动作的理解和掌握。综合性的训练计划能够促进运动员的全面发展，帮助他们在比赛中发挥出最佳水平。通过多角度的分析和训练设计，运动员可以在各个方面实现均衡发展。

在短跑教学中，理论与实践的结合是提升运动员技术水平的重要策略。系统化的教学方法强调将理论知识有效转化为实际技能。教练员需要通过讲解、示范和实地练习等多种形式，使运动员不仅理解技术动作的原理，还能在实践中熟练运用这些动作。理论知识的传授应与实际训练相辅相成，使运动员在掌握动作要领的同时，也能够根据比赛环境灵活调整技术动作。通过理论与实践的紧密结合，运动员可以在短时间内实现技术水平的显著提升。

二、短跑教学的分阶段教学法

（一）初级阶段短跑教学

初级阶段短跑教学的核心在于为学员打下坚实的体能基础。通过力量、速度和耐力的综合训练，不仅可以提高学员身体素质，还能为其后续的技术学习做好准备。在这一阶段，教师应当设计一系列的基础体能训练计划，确保学员在逐步提高体能的同时，保持良好的训练状态。这种基础体能的培养不仅关乎学员的体能发展，更是其技术学习的前提条件。教师需密切关注学员的体能提升情况，适时调整训练内容，以满足不同学员的个性化需求。

在短跑教学的初级阶段，起跑技术是关键。教师应通过简单易懂的示范和分解动作，帮助学员逐步掌握正确的起跑姿势和反应技巧。起跑技术不仅影响到短跑的整体表现，还直接关系到学员的比赛成绩。为了提高学员的起跑技术水平，教师可以采用视频示范、分组练习等多种教学手段，使学员在反复练习中掌握动作要领。同时，教师还应关注每位学员的起跑动作，通过个性化指导和反馈，帮助学员不断完善技术细节。

为了激发学员的学习兴趣，初级阶段的短跑教学可以采用游戏化的教学方式。通过趣味性练习，学员可以在轻松愉快的氛围中掌握短跑的基本技能。游戏化教学不仅能够提高学员的参与度，还能增强他们的学习动机。这种教学方法强调学员主动参与和体验，教师可以结合实际情况，设计适合不同年龄和运动水平的游戏活动，使学员在游戏中不知不觉地提高短跑技能。

初级阶段的短跑教学还需注重技术评估。教师应定期对学员的技术动作进行观察和评估，通过及时的反馈帮助学员识别自身的技术缺陷。针对不同学员的具体问题，教师需要提供个性化的指导和纠正建议。这种评估和反馈机制不仅能帮助学员及时调整技术动作，还能提高他们的自我意识和学习能力，使其在训练中不断进步。

心理素质的培养也是初级阶段短跑教学的重要内容。教师应帮助学员建立自信心和积极的比赛心态，为其后续的竞技训练做好心理准备。通过设定合理的目标和给予积极的鼓励，学员能够在训练中逐渐增强自信心，克服比赛中的紧张情绪。此外，教师还可以通过模拟比赛和心理训练，帮助学员适应比赛节奏和氛围，提高其心理承受能力。心理素质的培养不仅有助于学员在比赛中发挥出最佳水平，还能为他们的长期运动生涯打下良好的心理基础。

（二）中级阶段短跑教学

在短跑教学的中级阶段，教学方法与技巧的提升至关重要。中级阶段的教学不仅仅是对基础技能的巩固，更是对技术动作细节的深入分析。在这个阶段，运动员需要掌握更高水平的技术要点，尤其是在起跑、加速和途中跑的过程中。通过对技术细节的精细化分析，运动员可以在实践中不断优化动作，提高短跑的效率和稳定性。教学中还需强调动作的准确性和连贯性，使运动员在不同阶段的跑步过程中能够自如地转换和衔接。

中级阶段的短跑教学还需要特别关注运动员力量与速度的培养。专项力量训练在这一阶段尤为重要，尤其是下肢肌肉的爆发力训练。通过科学的训练计划，运动员能够提升肌肉的反应速度和力量输出，这直接关系到短跑的起跑和加速能力。力量与速度的结合，不仅提高了运动员的短跑成绩，也能为其未来的高级阶段训练打下坚实的基础。训练中可以结合多种方法，如阻力跑、跳跃训练等，提升运动员的综合能力。

在中级阶段，引入视频分析技术是提高教学效果的有效手段。通过视频回放，运动员能够直观地看到自己的技术动作，从而进行自我评估和错误纠正。这种方法不仅提高了运动员的自主学习能力，还能帮助他们更好地理解教练的指导意见。视频分析技术的应用，使得运动员能够在训练后进行反思和总结，从而在下一次训练中实现更有针对性的改进。视频分析技术的应用，推动了短跑教学的现代化进程，为运动员提供了更为科学的训练支持。

模拟比赛环境的设置也是中级阶段教学的重要环节。通过模拟比赛，运动员可以在接近真实比赛的情境下进行训练，增强其比赛适应能力和心理素质。这种训练方法不仅能帮助运动员在比赛中保持技术的稳定性，还能提高他们在压力下的应变能力。模拟比赛训练要求运动员在高压环境中，依然能够发挥出最佳水平，对于提升其综合竞技能力具有重要意义。

中级阶段的教学内容应逐步增加复杂性，通过分组训练和对抗练习，促进运动员之间相互学习与竞争意识的培养。分组训练使得运动员能够在小组中进行针对性练习，同时也促进了团队合作精神的养成。对抗练习则通过模拟竞争环境，激发运动员的斗志和潜力，使其在不断的挑战中获得成长。通过这种方式，运动员不仅提高了个人技术水平，也增强了集体荣誉感和竞争意识，为其未来的发展奠定了良好的基础。

（三）高级阶段短跑教学

高级阶段教学在短跑训练中扮演着关键角色，旨在通过个性化训练计划的制订，提升运动员的竞技水平。在这一阶段，重点在于根据运动员的技术特点和身体素质进行针对性的训练安排。注重运动员的个体差异在高级阶段尤为重要，教练应详细分析每位运动员的技术动作、速度和耐力等因素，设计出符合其个人特点的训练计划。个性化的训练不仅能提高运动员的竞技状态，还能有效防止伤病，从而延长运动生涯。

在高级阶段，短跑训练的一个重要方面是高强度的专项训练。教师应引导运动员在高强度环境下训练，以提升其应变能力和技术稳定性。这样的训练能帮助运动员在比赛中更好地适应不同的环境和条件，提高比赛中的表现。通过模拟比赛场景，运动员可以在训练中体验比赛的紧张气氛，从而在真正的比赛中更从容地应对突发状况。高强度训练不仅能增强运动员的体能，还能提升其心理素质，使其在比赛中保持最佳状态。

心理素质的专项训练也是高级阶段短跑教学的重要组成部分。运动员在比赛中的表现不仅取决于身体素质，还与心理状态密切相关。通过心理调节技巧和压力管理策略，教师可以帮助运动员在比赛中保持冷静和专注。心理训练可以通过模拟比赛压力、心理咨询和团队合作等方式进行，旨在提高运动员的心理承受能力和自信心。这种训练不仅能帮助运动员在比赛中出色发挥，还能增强其在面对失败时的心理韧性。

高科技手段的应用为高级阶段短跑教学提供了新的视角和方法。通过生物力学分析和运动监测设备，教师可以实时评估运动员的技术动作和生理状态。这些高科技手段能为训练提供科学依据，帮助教师调整训练计划，提高训练的科学性和有效性。例如，运动监测设备可以记录运动员的速度、步幅和心率等数据，帮助教师分析运动员的表现，从而制定更为精准的训练方案。

高级阶段的短跑教学还需结合战术训练，教授运动员如何在比赛中合理分配体力、选择跑道和制定冲刺策略。战术训练不仅能提升运动员的比赛表现，还能帮助其在比赛中更好地应对对手的策略变化。通过战术训练，运动员可以学习如何在比赛中保持节奏、控制速度和把握时机，从而在关键时刻做出正确的决策。这种综合性的训练方式能有效提升运动员的整体竞技水平。

三、短跑教学的示范与讲解

（一）动作示范技巧

在短跑教学中，动作示范技巧是提升运动员技术水平的关键。动作示范应注重清晰度，这是确保运动员能够准确理解每个技术要点的基础。教师在进行动作示范时，首先需要对每一个细节进行精确的展示，以便运动员能够全方位地感知动作的正确性。这种清晰度不仅要求示范动作的标准化，还要求教师在示范过程中保持稳定的节奏和适当的力度，使运动员能够从视觉和感觉上同步理解动作的逻辑和节奏。

为了进一步增强运动员对动作的理解，示范时结合慢动作回放是非常有效的方法。通过慢动作回放能够将快速的动作分解成多个细节，使运动员有机会观察到平时难以注意到的关键细节。这种方法不仅能帮助运动员掌握动作的细微之处，还能通过视觉反馈强化他们对动作的记忆，从而在训练中更好地再现这些动作要领。慢动作的应用需要与实际教学相结合，确保运动员在理解细节的同时，不失去对整体动作的把握。

在动作示范过程中，教师的解说也是不可或缺的。解说不仅仅是对动作的描述，更是对动作中关键环节的强调。教师在示范时适时应同步进行解说，指出动作中的关键点及其对整体表现的影响。例如，在短跑起跑时，教师可以强调起跑姿势对加速阶段的影响，以便运动员在模仿时能够有意识地调整自己的姿态。解说的目的是帮助运动员建立动作与效果之间的联系，从而提高他们对动作的理解和执行能力。

动作示范后，教师应鼓励运动员间进行互动，以促进其对动作的深入理解和掌握。互动可以通过提问和自我观察两种方式进行。教师应鼓励运动员提出他们在观察和模仿过程中遇到的疑问，并通过讨论和反馈帮助他们解决问题。自我观察则是让运动员在模仿示范后，反思自己的动作表现，并与教师的示范进行对比。互动不仅能提高运动员的自我认知能力，还能加强他们对技术要领的掌握，为后续的训练奠定坚实的基础。

（二）语言讲解要点

在短跑教学中，语言讲解是传递技术要点和训练要求的重要手段。语言讲解要点的核心在于用词的准确性，其直接影响到运动员对技术动作的理解和执行。准确的语言表达能够帮助运动员明确每个动作的具体要求，减少误解和错误。为了确保语言表达的准确性，教练员需要对短跑技术有深刻的理解，并能够将复杂的技术分解为简单的语言，才能在讲解中将重点突出，让运动员明确每一个细节的意义和作用。

在语言讲解中，教练员还需要根据运动员的实际水平调整讲解的深度和复杂性。对于初学者，使用过于专业的术语可能会导致理解困难，进而影响训练效果。因此，通俗易懂的语言是提高交流有效性的关键。教练员可以通过日常生活中的例子或简单的描述来解释技术动作，以便运动员更容易地将理论与实践相结合。这种方法不仅能提高运动员的理解能力，还能增强他们的学习兴趣和积极性。

讲解中适时运用比喻和形象化的表达方式可以有效地帮助运动员理解复杂的技术动作。比喻可以将抽象的技术要点转化为具体的形象，使运动员能够在脑海中形成清晰的动作图像。例如，将起跑动作比作“弹簧的释放”，可以帮助运动员理解快速启动的原理。这种形象化的表达不仅能提高运动员的理解能力，还能增加学习的趣味性，使训练过程更加生动和有吸引力。

语言讲解应与动作示范的节奏相结合，适时停顿，以给予运动员思考和消化的时间。这种节奏的把握对于运动员掌握和记忆动作要领至关重要。在讲解过程中，教练员可以在关键技术点上停顿，让运动员有时间回顾和思考刚刚接收到的信息。这种方法不仅能加深运动员对动作的理解，还能促进他们在训练中进行自我反思和调整，从而不断提高其技术水平。

四、短跑教学的个性化辅导

（一）学生能力评估

学生能力评估在短跑教学中扮演着至关重要的角色。通过体能测试评估学生的力量、速度和耐力水平，是确定其短跑基础能力的关键步骤。这些测试通常包括短跑速度测试、立定跳远、引体向上等项目，能够全面反映学生的身体素质，为个性化训练方案的制定提供科学依据。此外，通过这些测试，教师还可以识别出学生的优势和需要加强的领域，从而在训练中更有针对性地进行指导。

技术录像分析是评估学生短跑动作的有效工具。通过录像，教师可以详细观察学生在起跑、加速和冲刺阶段的动作细节，识别出技术缺陷和改进空间。例如，起跑时的反应速度、摆臂的幅度和频率、步幅的长短等都是需要关注的细节。通过对这些细节的分析，教师能够为学生提供具体的改进建议，帮助学生在技术上取得突破，提高短跑成绩。

心理素质测评是评估学生在比赛压力下表现能力的重要手段。短跑比赛往往是在极短时间内结束的，对学生的心理承受能力要求较高。通过心理测评，教师可以了解学生在压力环境下的心理状态，识别出可能影响其表现的因素，如紧张、焦虑等。根据测评结果，教师可以为学生设计心理训练计划，帮助他们在比赛中保持良好的心理状态，从而发挥出最佳水平。

观察和反馈是了解学生在训练中学习态度和参与度的重要方法。在日常训练中，教师需要密切关注学生的表现，通过观察他们的训练投入程度、对指导意见的接受情况等，判断其学习态度和参与度。及时的反馈可以帮助学生认识到自己的进步和不足，激发其训练的积极性。根据观察和反馈，教师可以调整训练计划，制定更符合学生实际情况的个性化辅导方案，确保每个学生都能在短跑训练中得到最大限度的提升。

（二）个性化训练计划

在短跑教学与训练实践中，个性化训练计划是提升运动员表现的关键。个性化训练计划的核心在于根据每位运动员的技术特点，设计出针对性的技术细节强化训练。这一过程不仅需要对运动员的短跑动作进行深入分析，还要利用专业的技术手段来提升其动作的精准性和效率。通过细致的观察和分析，教练可以发现运动员在技术动作中的优势与不足，从而制定出更有针对性的训练方案。这种定制化的训练方式能够帮助运动员在短时间内显著提升技术水平。

制订个性化训练计划时，运动员的身体素质评估结果是不可或缺的依据。通过科学的评估手段，教练可以全面了解运动员在力量、速度和耐力等方面的表现，从而制订出相应的专项训练计划。力量训练可以帮助运动员提高爆发力，速度训练可以提升其反应能力和步频，耐力训练则能确保其在比赛中保持稳定的表现。通过这些专项训练的结合，运动员的整体运动能力得以全面提升，为其在比赛中取得优异成绩奠定坚实的基础。

心理素质在短跑比赛中同样扮演着至关重要的角色。个性化训练计划应充分考虑运动员的心理素质，设计出针对心理调节和压力管理的专项训练。这些训练不仅可以帮助运动员在比赛中保持稳定的心态，还能增强其自信心，使其在比赛中能够发挥出最佳水平。通过心理训练，运动员可以更好地应对比赛中的压力和挑战，从而在激烈的竞争中脱颖而出。

在个性化训练计划的实施过程中，引入定期的技术反馈与评估机制是必不可少的。通过录像分析和数据监测，教练可以实时掌握运动员的训练进展和技术变化。这一过程不仅有助于发现训练中存在的问题，还能为运动员提供及时的反馈和建议，使其能够不断调整和优化训练方案。通过这种动态调整，个性化训练计划能够始终与运动员实际情况保持高度契合，确保训练效果的最大化。

第三节　短跑训练策略与实施

一、短跑训练周期的规划与安排

（一）周期划分原则

短跑训练周期的划分是训练计划设计中的关键环节，需要综合考虑运动员的生理周期，以合理安排训练强度与恢复时间。通过科学的周期划分，能够有效促进运动员的身体适应，提高其竞技水平。短跑运动员在训练过程中，身体机能和心理状态均会发生动态变化，因此周期划分必须与这些变化相协调，以确保训练的有效性和安全性。

在短跑训练周期的划分中，明确不同训练阶段的目标至关重要。基础训练阶段注重体能的全面提高和基本技术的掌握，专项训练阶段侧重于专项技术的精细化和体能的专项化，竞赛准备阶段则以提高比赛能力和心理调适为主要目标。各阶段目标的明确和有效衔接，能够确保训练计划的系统性和连贯性，使运动员在每个阶段都能实现预期的训练效果。

训练周期的设计还需充分考虑运动员的个体差异。不同运动员在技术水平、体能状态和心理素质上均存在差异，因此训练计划应根据这些差异进行个性化调整。通过对运动员个体特点的深入分析，制定出最适合其发展的训练方案，可以最大限度地优化训练效果，提升运动员的竞争力。

（二）训练安排要点

在短跑训练中，训练安排的合理性直接影响运动员的表现和发展。应根据运动员的体能状态和技术水平，制定不同的训练强度和内容，以确保训练的有效性和针对性。科学的训练安排能够帮助运动员在不同的训练阶段达到最佳的训练效果。通过对运动员体能状态的评估，教练可以制订个性化的训练计划，确保每位运动员都能在适合自身的强度下进行训练。针对性的训练安排不仅能提高运动员的竞技水平，还能有效防止运动损伤。

每周的训练计划应包含多样化的训练内容，如速度训练、力量训练和技巧训练等，以全面提升运动员的综合素质。速度训练旨在提高运动员的爆发力和反应速度，力量训练着重于增强运动员的肌肉力量和耐力，技巧训练则关注运动员的技术动作的准确性和效率。通过多样化的训练内容，运动员能够在多个方面得到锻炼，全面提升自身的竞技能力。此外，多样化的训练安排也能增强训练的趣味性，激发运动员的训练热情和积极性。

在训练安排中，应合理安排恢复时间，确保运动员在高强度训练后能够得到充分的休息和恢复，以防止过度训练和伤病风险。恢复时间的安排是训练计划中的一个重要环节，不仅能够帮助运动员在心理和生理上得到放松，还能提高后续训练的效率。科学研究表明，合理的恢复时间能够有效促进肌肉的修复和生长，提高运动员的体能储备和竞技状态。因此，在制订训练计划时，教练需要特别关注恢复时间的安排，以确保运动员能够在最佳状态下进行训练。

在训练安排中，应定期进行评估和调整，根据运动员的进步情况和反馈，及时优化训练内容和方法，以实现最佳的训练效果。评估和调整是训练计划中的动态过程，通过定期的评估，教练可以了解运动员的训练效果和身体状态，并根据评估结果对训练计划进行必要的调整。通过动态的调整机制，训练计划能够始终与运动员实际情况保持高度契合，从而确保训练的持续有效性和针对性。这种以评估为基础的优化过程，不仅能够提高训练的科学性和合理性，还能帮助运动员不断突破自我，达到更高的竞技水平。

二、短跑专项速度训练方法

（一）速度提升技巧

短跑运动员在速度提升中面临的一个关键问题是如何有效地提高下肢力量以增强肌肉的爆发力。这一过程不仅涉及传统的力量训练，还需要结合短跑的专项需求进行针对性的练习。例如，通过深蹲和腿举等经典力量训练，可以显著提升运动员的下肢力量。这些训练动作主要集中在大腿肌肉群和臀部肌群的强化上，能够有效地支持运动员在起跑和加速阶段的速度表现。值得注意的是，在进行这些力量训练时，运动员需要关注动作的标准性和稳定性，以避免运动损伤，同时确保力量的有效转化。

短距离冲刺训练是提升短跑速度的另一项重要策略。通过30米至60米的冲刺跑训练，运动员可以在短时间内最大化地提高瞬时速度和加速能力。这种训练方法不仅有助于增强运动员对速度变化的适应性，还能提高其在比赛中快速启动和保持高速度的能力。短距离冲刺训练要求运动员在最短的时间内达到最高速度，需要运动员具备良好的技术和心理准备。此外，这种训练还可以帮助运动员在比赛中更好地应对不同阶段的速度需求，提高比赛成绩。

速度节奏训练在短跑训练中扮演着至关重要的角色。通过改变跑步的节奏和步伐长度，运动员能够掌握最佳的速度控制技巧，从而提升整体的跑步效率。这种训练要求运动员在跑步过程中不断调整步伐和节奏，以适应不同的比赛环境和战术需求。速度节奏训练不仅提高了运动员的速度控制能力，还增强了其在比赛中对节奏变化的敏感性和适应性。通过反复练习，运动员可以在比赛中更自如地调整速度，从而获得优势。

灵敏性训练，如梯子训练和锥形标训练，是提升短跑速度表现的有效方法。这些训练项目主要侧重于增强运动员的快速反应能力和步伐转换能力。在短跑比赛中，运动员需要在极短的时间内完成复杂的步伐转换和方向变化，而灵敏性训练为此提供了良好的基础。通过反复的灵敏性训练，运动员不仅能够提高反应速度，还能在比赛中更好地应对复杂的战术变化，提升整体的速度表现。这种训练方法强调动作的快速性和协调性，是短跑专项速度训练中不可或缺的一部分。

（二）速度训练频率

在短跑训练中，速度训练频率是影响运动员表现的重要因素之一。合理的训练频率不仅能提高运动员的速度，还能有效预防伤病。短跑训练的频率应根据运动员的体能恢复能力进行调整，以确保训练与恢复的平衡。过度的训练频率可能导致运动员肌肉疲劳，增加伤病风险，因此教练员在制订训练计划时必须充分考虑个体差异，确保每位运动员都有足够的时间进行恢复。通过科学的频率安排，运动员能够在训练中达到最佳状态，从而在比赛中表现出色。

在不同的训练阶段，速度训练的频率也应有所不同。基础阶段是运动员体能储备和技术打磨的关键期，此时可以适当增加训练频率，以全面提高运动员的身体素质和技术水平。然而，在竞赛准备阶段，训练频率则应适度减少，以便运动员能够在比赛前达到最佳的竞技状态。过高的训练频率可能导致运动员在比赛中出现疲劳状态，影响其发挥，因此教练员应根据比赛日程和运动员的状态灵活调整训练频率。

除了体能因素，训练频率还应考虑运动员的心理承受能力。过高的训练频率可能导致运动员产生过大的心理压力，从而影响训练效果和比赛表现。心理压力不仅会影响运动员的专注力和自信心，还可能导致其对训练产生抵触情绪。因此，教练员在安排训练频率时，应与运动员进行充分沟通，了解其心理状态，并根据运动员的反馈适时调整，以确保训练的有效性。

周期性评估是调整训练频率的有效手段。通过定期评估运动员的训练适应性，教练员可以及时发现运动员在训练中出现的问题，并根据评估结果调整训练频率。评估的内容应包括运动员的体能状态、心理状态以及训练效果等多个方面。通过科学的评估和调整，教练员可以确保运动员在各个阶段都能保持最佳的训练效果和竞技水平，从而提高运动员的整体表现。

三、短跑力量与爆发力训练技巧

（一）力量训练方法

力量训练在短跑运动员的训练中扮演着至关重要的角色。为了增强运动员下肢肌肉的全面发力能力，力量训练应结合多种训练器械，如杠铃、哑铃和弹力带等。这些器械能够提供多样的阻力形式，促进肌肉的多角度发展，进而提高肌肉的发力效率和耐力。杠铃和哑铃常用于大肌群的训练，弹力带则有助于小肌群的激活和稳定性训练。通过对训练器械的科学组合，教练可以为运动员设计出更具针对性的训练方案，以满足短跑运动对力量的特殊需求。

短跑运动的特点决定了其对力量和爆发力的要求，力量训练因此需采用复合动作，如深蹲和硬拉等。这些动作不仅能够有效提高运动员的整体力量输出，还能显著增强其爆发力。深蹲动作主要锻炼下肢的股四头肌、臀大肌和腘绳肌，硬拉则对背部肌群、腿部后侧肌群及核心肌群有着显著的强化作用。通过复合动作的训练，运动员能够在短时间内获得更为显著的力量提升，为短跑中的快速起跑和加速提供坚实的力量基础。

在训练计划的制订中，力量周期的设置是一个关键环节。力量周期化训练强调逐步增加负荷和训练强度，以促进运动员肌肉的适应性增长和力量提升。周期化训练不仅能够避免训练的单一性和疲劳积累，还能通过不同周期的安排，让运动员在力量、速度、耐力等多个方面得到提高。通常，力量周期可以分为准备期、提升期和巩固期三个阶段，每个阶段的训练目标和内容各有侧重，确保运动员在不同阶段的训练效果。

力量训练还应包含针对核心肌群的训练，以增强运动员的稳定性和力量传递效率。核心肌群是身体力量的传递枢纽，其稳定性和力量直接影响到短跑技术的优化。通过核心肌群的训练，如平板支撑、仰卧卷腹和旋转训练等，运动员能够提高躯干的稳定性，减少运动中的能量损失。核心力量的提升不仅有助于短跑中保持身体姿态，还能在加速和冲刺阶段提供更为高效的力量传递，进而提升运动员整体短跑表现。

（二）爆发力提升策略

提升短跑运动员的爆发力是提高其比赛成绩的关键因素之一。在短跑项目中，运动员需要在极短的时间内发挥出最大的力量和速度，因此科学的爆发力提升策略尤为重要。爆发力的提升不仅依赖于肌肉力量的增强，还需要神经肌肉系统的高效协调。通过系统化的训练方法，运动员能够在起跑和加速阶段更好地发挥出下肢肌肉的爆发性发力能力，从而提升整体短跑表现。

垂直跳训练是提升爆发力的一种有效方法。垂直跳训练能够显著增强下肢肌肉在起跑和加速阶段的爆发性发力能力。通过反复进行垂直跳，运动员可以提高肌肉纤维的快速收缩能力和神经系统的反应速度。这种训练方法不仅可以增强肌肉力量，还能提高运动员的跳跃高度和速度，进而在短跑比赛中获得更好的起跑反应和加速表现。此外，垂直跳训练还可以改善运动员的平衡能力和协调性，帮助他们在比赛中保持稳定的身体姿态。

负重训练是提升短跑爆发力的另一种行之有效的策略。负重训练通过增加肌肉的负荷来提高其适应性和力量输出。具体而言，运动员可以通过举重、深蹲等负重训练，增强下肢肌肉的力量和耐力。这种训练方法能够刺激肌肉纤维的生长和神经系统的适应性反应，从而提高运动员在短跑中的爆发力。此外，负重训练还可以促进运动员的肌肉协调性和灵活性，使他们在比赛中能够更有效地将力量转化为速度。

快速反应训练也是提升短跑爆发力的重要策略之一。快速反应训练通过设置短时间内的快速冲刺，来提高运动员的神经肌肉协调性和瞬间爆发能力。这种训练方法能够有效地提高运动员的反应速度和动作敏捷度，使他们在比赛中能够迅速作出反应并发挥出最佳表现。快速反应训练还可以增强运动员的心理素质，使他们在比赛中能够更好地应对压力和挑战，从而提高比赛成绩。

弹性训练是提升短跑爆发力的先进方法之一。弹性训练包括跳箱、深蹲跳等，旨在增强肌肉的弹性和快速收缩能力。这种训练方法通过重复性的爆发性动作，能够显著提高肌肉的力量和速度输出。弹性训练不仅可以增强下肢肌肉的爆发力，还能提高运动员的整体协调性和灵活性。此外，弹性训练还可以改善运动员的心肺功能，使他们在比赛中能够更持久地保持高强度的运动表现。

四、短跑技术动作的细化与强化

（一）动作细化步骤

在短跑训练中，动作细化步骤是提升运动员技术水平的关键环节。运动员需要明确每个技术动作的关键要素，例如起跑、加速、途中跑和冲刺阶段的具体要求。这些阶段的每一个细节都可能影响到运动员的整体表现，因此在训练中必须进行针对性的细化和改进。起跑阶段的关键在于反应速度和起跑角度，加速阶段要求运动员在最短时间内达到最高速度，途中跑需保持稳定的速度和节奏，冲刺阶段则强调最大化速度的保持和冲线技巧。通过对这些关键要素的准确掌握，运动员可以在训练中有的放矢地进行技术提升。

视频分析技术是现代短跑训练中不可或缺的。通过逐帧解读运动员的技术动作，教练员可以识别出运动员在不同阶段的问题。这种技术为运动员提供了直观的反馈，有助于他们进行自我纠正。例如，通过视频分析可以发现运动员在起跑时身体重心偏移的问题，或是在加速阶段步频不够均匀的现象。运动员可以根据这些细节调整自己的动作，从而提高整体技术水平。视频分析不仅是发现问题的手段，也是运动员进行自我反思和改进的重要依据。

针对不同技术动作的缺陷，设计专项训练环节是提升运动员技术水平的有效策略。专项训练环节可以根据运动员的具体需求进行设计，例如针对起跑反应慢的运动员，可以增加反应速度训练；针对加速阶段力量不足的运动员，可以增加力量训练。通过专项训练，运动员能够在短时间内集中精力突破技术瓶颈。专项训练不仅提升了运动员的技术水平，也增强了他们的自信心，使他们在比赛中能够更好地发挥自己的潜力。

建立技术动作的标准化模型是运动员训练和效果评估的重要参考依据。标准化模型为教练员和运动员提供了一个明确的技术标准，使训练和评估具有可操作性和一致性。在训练中，教练员可以根据标准化模型对运动员的动作进行对比和调整，确保训练的有效性和科学性。标准化模型还可以作为评估的基础，帮助教练员客观地评估运动员的技术水平和进步情况。通过对标准化模型的不断完善，短跑训练可以更加系统化和精细化。

（二）技术强化方法

短跑技术动作的强化是提升运动员竞技水平的关键环节。技术强化的核心在于通过科学的训练手段和策略，使运动员在短跑中发挥出最佳表现。通过设置分解训练环节，将短跑技术动作拆分为更小的部分进行专项训练，有助于运动员集中注意力，逐步掌握每个动作要领。分解训练不仅能让运动员更好地理解动作的细节，还能帮助他们在训练中发现并纠正动作中的不足，从而提高整体技术水平。

利用反馈机制和实时监测技术是技术强化方法中不可或缺的一部分。通过现代科技手段，教练可以为运动员提供即时的技术动作反馈，帮助他们在训练中及时调整和改进。利用实时监测技术能够捕捉运动员的每一个细微动作，确保其技术动作的准确性和一致性。通过反馈机制，运动员不仅能及时改正错误动作，还能在训练中保持高水平的技术表现。

模拟比赛训练是提升运动员技术应用能力的重要方法之一。在模拟比赛中，运动员能够在接近真实比赛的环境中进行训练，这种高压状态下的训练有助于增强其技术的稳定性和准确性。通过不断的模拟练习，运动员能够培养出在比赛中保持冷静和技术稳定的能力，从而在实际比赛中有出色的表现。

多样化的训练方法，如对抗性训练和小组合作训练等，也在技术强化中发挥着重要作用。对抗性训练可以提高运动员的竞争意识和抗压能力，小组合作训练则能增强团队协作精神和技术灵活性。这些训练方法的引入，不仅能促进运动员的竞技技术全面提升，还能提高其应变能力和灵活性，使其在比赛中能够随机应变、游刃有余。通过多样化的训练手段，运动员能够在短跑项目中达到更高的竞技水平。

第三章　中长跑教学与训练实践

第一节　中长跑的技术特点与要求

一、中长跑的步频与步幅控制

（一）步频调整方法

步频调整在中长跑中起着至关重要的作用。步频是指运动员在单位时间内完成的步数，其调整方法对提升跑步效率和表现都有直接影响。通过科学的步频调整，运动员可以在保持速度的同时减少能量消耗。调整步频的方法多种多样，如通过增加步数来提高步频，或者通过减少步数来降低步频等。运动员需要根据自身的生理特点和训练需求，选择合适的调整方法。此外，步频的调整还需兼顾步幅的变化，以确保跑步的节奏和稳定性。

中长跑步频的基本测量方法是掌握步频调整的基础。常用的测量方法包括使用计时器记录运动员在特定时间内的步数，或者利用智能手表等设备进行实时监测。这些方法可以帮助运动员更准确地了解自己的步频情况，从而为后续的调整提供数据支持。通过测量，运动员能够直观地看到自己在不同速度下的步频变化，进而针对性地进行训练和调整。

影响步频的生理因素及其调整策略是中长跑训练中的关键内容。生理因素如肌肉力量、心肺耐力和柔韧性等都会对步频产生影响。肌肉力量不足可能导致步频过低，心肺耐力的提升则有助于维持较高的步频。针对这些生理因素，运动员可以通过力量训练和耐力训练来进行调整。此外，合理的热身和拉伸运动也有助于提高步频的稳定性和效率。

利用技术设备监测和优化步频的实践方法在现代中长跑训练中得到了广泛应用。运动员可以借助设备，如加速度计和 GPS 手表，实时监测步频数据。这些设备能够提供详细的步频变化图表，帮助运动员分析每段跑步中的步频表现。通过数据分析，教练和运动员可以制订更加科学的训练计划，优化步频以提升整体跑步表现。

心理因素对步频调整的影响及应对策略也是训练过程中不可忽视的部分。心理因素如紧张、焦虑或过度兴奋等都可能导致步频不稳定，从而影响跑步效率。基于这些心理因素，运动员可以通过心理训练和放松技术来保持心态的平衡。通过冥想、深呼吸等方法，运动员能够在比赛和训练中保持冷静，从而更好地控制步频，取得理想的运动表现。

（二）步幅优化策略

步幅优化策略在中长跑训练中扮演着至关重要的角色。步幅的调整直接影响到运动员的跑步效率和整体表现。通过科学的训练方法，运动员可以在不增加能量消耗的情况下提高速度和耐力。步幅的优化通常需要结合个体的生理特点和运动目标，制定个性化的训练方案。通过分析运动员的步态和步幅，教练可以识别出需要改进的具体环节，并通过针对性的训练来提升运动员的表现。这种策略不仅提高了运动员的竞技水平，还能有效减少运动损伤。

步幅的生物力学分析与优化是中长跑训练中的重要研究领域。通过生物力学的视角分析步幅，可以揭示运动过程中肌肉、骨骼和关节的协同作用。通过高精度的运动捕捉技术和力学分析工具，教练和研究人员能够深入了解运动员步幅的细节，并挖掘优化的潜力。步幅的生物力学优化不仅涉及提高运动效率，还包括减少能量浪费和降低运动损伤风险。通过不断的实验和数据分析，研究人员可以为运动员提供更为科学的训练指导。

步幅与跑步经济性的关系研究是提升中长跑运动表现的关键。跑步经济性指的是运动员在一定速度下所消耗的能量，优化步幅可以显著提高这一指标。研究表明，适当的步幅调整可以减少肌肉工作量，提高氧气利用率，从而提升跑步经济性。通过对不同运动员的研究，发现步幅的最佳范围因人而异，且与个体的体型、肌肉力量和柔韧性密切相关。因此，在训练中，教练需要结合运动员的具体情况，采取个性化的步幅优化策略，以提升其跑步经济性。

针对不同跑步速度的步幅调整策略是中长跑训练中不可或缺的一部分。不同的跑步速度要求不同的步幅和步频组合，以达到最佳的运动表现。在低速跑步时，较大的步幅有助于节省能量；在高速跑步时，步幅和步频的平衡则显得尤为重要。研究表明，运动员在不同速度下调整步幅的能力是影响其比赛成绩的关键因素之一。通过系统的训练，运动员可以提高对步幅的感知和控制能力，从而在比赛中灵活调整步幅以适应不同的速度需求。

步幅优化中的力量训练与柔韧性训练结合，是提升中长跑运动员表现的有效手段。力量训练可以增强下肢肌肉力量，提高步幅的稳定性和效率，柔韧性训练则有助于增加关节活动范围，降低产生运动损伤的风险。两者结合可以帮助运动员在保持步幅稳定的同时，提高步频和速度。通过科学的训练计划，运动员可以在力量和柔韧性之间找到最佳的平衡点，从而在比赛中发挥出更高的水平。这样的训练策略不仅提高了运动员的竞技能力，也为其运动生涯打下坚实的基础。

二、中长跑的呼吸节奏与技巧

（一）呼吸频率控制

呼吸频率控制在中长跑中扮演着至关重要的角色。有效的呼吸频率控制能够帮助运动员更好地维持体能，延缓疲劳的出现。在中长跑过程中，运动员需要根据自身的体能状况、赛道条件以及比赛策略来调整自身呼吸频率，以达到最佳的竞技状态。科学的呼吸频率控制不仅有助于氧气的高效摄入和二氧化碳的及时排出，还能减轻呼吸肌的负担，从而提高整体的跑步经济性。因此，掌握呼吸频率控制的技巧对于中长跑运动员来说是十分必要的。

呼吸频率对中长跑表现的影响及其调整方法是呼吸训练中的重要课题。在长时间的跑步中，呼吸频率的稳定性直接影响到运动员的表现。研究表明，呼吸频率与步频的协调能够有效提升跑步效率。因此，运动员在训练中需反复练习以找到适合自身的呼吸节奏。这种节奏不仅要能适应不同的跑步速度，还需在比赛中根据身体状况和外界环境的变化进行灵活调整。通过科学的训练方法，运动员能够在不同的比赛阶段保持最佳的呼吸频率，从而提高整体表现。

不同跑步阶段的呼吸频率变化规律及适应策略是中长跑训练的重要组成部分。在起跑阶段，运动员通常需要保持较高的呼吸频率以迅速提升体内氧气水平。在中途阶段，呼吸频率则需适当降低，以保证长时间的持久力和稳定性。最后的冲刺阶段，呼吸频率通常会再次提高，以满足瞬时爆发力的需求。运动员需通过日常训练，逐步摸索和适应这些变化规律，从而在比赛中自如应对不同阶段的生理需求。

通过呼吸训练提高耐力与心肺功能的有效方法在中长跑训练中占有重要地位。合理的呼吸训练能够显著增强运动员的耐力和心肺功能。例如，间歇性呼吸训练有助于运动员在高强度跑步时更好地控制呼吸频率，从而提高耐力。此外，呼吸肌的专项训练也有助于增强心肺功能，使运动员在长时间的跑步中保持良好的身体状态。科学系统的呼吸训练方案能够有效提高运动员的综合能力，为中长跑竞技水平的提升提供有力支持。

（二）呼吸与步伐协调

在中长跑运动中，呼吸与步伐的协调是影响运动表现的关键因素。呼吸与步伐的协调能够有效提高跑步效率，使运动员在长时间的运动中保持稳定的节奏和速度。通过对呼吸与步伐的协调进行训练，运动员可以更好地进行体力分配，避免过早疲劳。研究表明，呼吸与步伐的协调不仅有助于身体机能的优化，还能够在一定程度上提高运动员的心理稳定性和专注度，从而获得更好的成绩。

呼吸与步伐的协调对提高跑步效率的重要性不容忽视。步伐与呼吸的协调能够最大限度地减少能量消耗，使运动员在长时间的比赛中保持最佳状态。通常情况下，运动员会选择以每两步一吸一呼的节奏进行呼吸，这种节奏被认为是最能有效利用肺活量和心肺功能的方式。通过科学合理的训练，运动员可以在不同的速度下找到适合自身呼吸与步伐的节奏，从而提高整体的跑步效率。

在不同速度下，呼吸与步伐协调的最佳节奏会有所不同。对于中长跑运动员而言，掌握在不同速度下的呼吸与步伐协调技巧是至关重要的。在慢跑时，运动员可以保持较慢的呼吸节奏，以维持长时间的有氧运动；在加速或冲刺阶段，则需要加快呼吸节奏，以满足身体对氧气的需求。通过不断的训练和调整，运动员可以在不同的速度下找到最佳的呼吸与步伐协调节奏，提升比赛时的表现。

通过呼吸技巧训练增强步伐稳定性的策略是中长跑训练中的重要组成部分。运动员可以通过专门的呼吸训练，增强横膈膜的力量和耐力，从而提高呼吸效率。此外，通过模拟比赛环境进行呼吸与步伐协调训练，运动员也可以在心理上和生理上做好充分准备，以应对比赛中的各种挑战。呼吸技巧训练不仅有助于提高步伐的稳定性，还能在一定程度上提升运动员的心理韧性。

三、中长跑的身体姿态与重心管理

（一）姿态调整技巧

中长跑运动员在比赛和训练中，身体姿态的调整至关重要。运动员需保持自然放松的姿态，不仅有助于节省体能，也能有效地避免过度紧张导致的能量浪费。良好的身体姿态能帮助运动员在长时间的跑步中维持稳定的重心，从而提升整体跑步效率。上身直立是基础，肩部保持放松状态，避免出现前倾或后仰的情况，这样可以保证重心的稳定性，减少能量消耗。腿部的姿态同样重要，跑动时应保持适度的弯曲，这样不仅能够减少对膝关节的冲击，还能进一步提高跑步的效率，尤其是在长时间的跑步中，这种姿态有助于降低疲劳感。

在不同的跑步速度下，运动员需要根据生理需求灵活调整姿态。速度的变化对身体姿态的要求不同，慢跑时可以稍微放松；而在加速过程中，姿态需要更为紧凑，以适应快速的步频。运动员应根据自身的身体反馈，及时调整姿态，以确保在不同速度下都能维持最佳的跑步状态。这种灵活应变的能力不仅能提高运动员整体表现，还能降低产生运动损伤的风险。因此，姿态调整技巧是中长跑运动员必须掌握的重要技能之一，通过科学的训练和实践，运动员可以在比赛中充分发挥自身潜力。

（二）重心稳定方法

在中长跑训练中，重心稳定方法是提高运动表现的关键因素之一。重心位置的感知觉训练是其中的重要环节，通过提高运动员对自身重心的认识，能够有效帮助其在跑动中保持平衡。感知觉训练通常包括站立平衡练习、动态平衡测试等，这些练习不仅增强了运动员对重心位置的敏感度，还提高了他们在跑步过程中调整重心的能力。这种训练方法的目标是使运动员在高速跑动时能够迅速适应身体的变化，从而保持最佳的跑步姿态。

核心力量训练也是重心稳定方法中的重要组成部分。通过增强腹部和下背部的肌肉稳定性，运动员能够更好地控制重心，减少跑步时的能量损耗。核心力量训练通常包括各种形式的仰卧起坐、平板支撑和旋转练习，这些练习不仅提高了运动员核心肌肉的力量，还增强了其耐力和协调性。强大的核心肌肉群为运动员提供了一个稳定的支撑点，使他们在长时间的跑步中能够保持良好的姿态，从而提高运动效率。

在不同跑步环境中的重心调整练习是提高跑步稳定性的另一个重要方法。在坡道、沙地等多变的地面条件下进行训练，能够有效提升运动员的适应能力。这种练习要求运动员在不同的地形条件下能够合理地调整步幅和节奏，以保持重心稳定。通过这些练习，运动员不仅提高了在不同环境中的跑步能力，还增强了自身的心理适应能力，能够在比赛中应对突如其来的变化。

四、中长跑的节能跑步技术

（一）能量消耗管理

在中长跑运动中，能量消耗管理是提升运动表现的关键因素之一。能量消耗的基本原理涉及身体在长时间运动中如何有效利用储存的糖原、脂肪和蛋白质等能量来源。中长跑运动员需要掌握这些原理，以便在比赛和训练中保持最佳状态。能量消耗不仅影响运动员的速度和耐力，还对运动后的状态恢复有重要影响。通过科学的能量管理，运动员可以延长高效运动时间，减少疲劳感，并在比赛关键时刻保持冲刺能力。

优化跑步姿态和步频是减少能量损耗的重要策略之一。良好的跑步姿态可以降低空气阻力和地面冲击力，从而减少能量消耗。步频的调整也至关重要，过快或过慢的步频都会导致能量浪费。理想的步频通常在每分钟 180 步左右，有助于提高跑步效率。通过技术训练，运动员可以逐渐形成自然的高效步态，减少能量输出，并在长距离比赛中保持稳定的速度。

合理安排训练强度与恢复时间是提高能量利用效率的另一项重要策略。训练强度过高可能导致过度疲劳和能量储备耗尽，过低则无法达到训练效果。科学的训练计划应包括高强度训练与适当的恢复期，以促进身体的超量恢复和能量储备的优化。通过周期性训练安排，运动员可以逐步提高自身的能量利用效率，增强耐力和速度。

心率监测和生理指标评估是制订个性化训练计划的有效工具。通过心率监测，运动员可以实时了解自身的运动强度和能量消耗水平。结合乳酸阈值和最大摄氧量等生理指标，教练员可以为运动员量身定制训练计划。这种个性化的训练方法不仅提高了训练效率，还能有效地防止过度训练和运动损伤，使运动员在比赛中表现出色。

（二）跑步效率提升

跑步效率的提升在中长跑训练中扮演着至关重要的角色。优化跑步姿势是提高空气动力学利用效率的关键，可以通过减少风阻来提升跑步速度。在实践中，运动员需要关注身体的前倾角度、手臂的摆动幅度以及步幅的调整，以达到最佳的空气动力学状态。研究表明，适当的身体倾斜可以有效降低风阻，从而在长距离跑步中保持更高的速度。这种技术不仅要求运动员具备良好的身体协调性，还需要运动员在训练中反复实践以形成肌肉记忆，确保在比赛中能够自然地应用。

力量训练是提升下肢肌肉爆发力和耐力的有效手段，直接影响到跑步的整体效率和速度。通过系统的力量训练，运动员能够增强腿部肌肉的力量和弹性，从而提高步伐的稳定性和推动力。特别是在中长跑中，强大的下肢肌肉能够提供持续的动力支持，使运动员在长时间的比赛中保持稳定的速度。此外，力量训练还能帮助降低产生运动损伤的风险，提高运动员的身体素质和恢复能力。因此，在训练计划中，力量训练应与跑步训练相结合，以全面提升运动员的表现。

间歇训练是提高心肺适应能力和乳酸阈值的有效策略，有助于提升长时间跑步的效率。这种训练方法通过高强度与低强度运动的交替进行，能够有效刺激心肺系统，提高运动员的有氧和无氧代谢能力。在中长跑训练中，间歇训练不仅能够增强运动员的耐力，还能提高其在高强度比赛中的状态恢复速度。通过科学合理的间歇训练计划，运动员可以逐步提高身体的耐受能力和速度极限，从而在比赛中表现出色。

心理技巧的运用，如可视化和正向自我对话等，是提升运动员比赛专注力和表现力的重要工具。可视化技巧帮助运动员在脑海中模拟比赛情境，提前预演各个阶段的策略和技术动作，从而在实际比赛中更加从容不迫。正向自我对话则通过积极的心理暗示，增强运动员的自信心和专注力，帮助他们在比赛中保持最佳状态。这些心理技巧不仅可以提高跑步效率，还能在比赛中增强运动员的心理韧性，使其能够更好地应对各种挑战和压力。

第二节　中长跑的教学组织与安排

一、中长跑教学的课堂管理与纪律维护

（一）课堂纪律管理

课堂纪律管理是中长跑教学中不可或缺的一部分。制定明确的课堂规则是确保学生理解课堂纪律重要性的首要步骤。这些规则不仅要清晰明了，还需具

备可操作性，使学生能够在实际的教学过程中自觉遵守。通过明确的规则，学生可以更好地理解在课堂上应该如何表现，从而形成良好的学习氛围。良好的课堂纪律是高效教学的基础，有助于教师更好地组织教学活动，提升教学效果。

在课堂纪律管理中，定期的纪律检查和反馈机制是必不可少的。通过定期检查，教师可以及时发现并纠正学生的不当行为，维护课堂秩序。这种反馈机制不仅能帮助学生认识到自己的行为问题，还能让他们在不断地反馈中逐步改善自己的行为表现。及时的反馈有助于学生对自己的行为进行反思，从而在未来的课堂中表现得更加规范，进一步规范课堂纪律。

鼓励学生自我管理是提升课堂纪律水平的重要方式。通过培养学生的责任感和自律意识，教师可以帮助学生在课堂上实现自我约束。自我管理不仅能使学生在课堂上表现得更加自律，还能在他们的日常生活中发挥作用。通过自我管理，学生能够更好地理解自己的行为对集体的影响，从而在课堂上表现得更加积极主动，提升整体的课堂纪律水平。

设立奖励机制也是课堂纪律管理中不可忽视的手段。对遵守纪律的学生给予表扬和激励，不仅能够增强他们的积极性和参与感，还能在班级中树立良好的榜样。奖励机制应与课堂规则相辅相成，使学生在遵守纪律的过程中获得成就感和荣誉感。这种积极的反馈能够激励更多的学生遵守课堂纪律，从而形成良性循环，进一步提升课堂的整体纪律水平。

（二）学生行为规范

在中长跑教学中，学生行为规范的制定与实施是确保教学效果和训练安全的关键环节。学生在中长跑训练中应严格执行训练计划，这是保障训练连续性和有效性的基础。训练计划通常由教练根据学生的身体状况和训练目标量身定制，学生按时参加训练不仅有助于体能的提升，也能培养其自律性和时间管理能力。连续的训练能够使学生逐步适应不同强度的运动负荷，从而在比赛中发挥最佳水平。

课堂上，学生的积极参与是课堂管理的重要组成部分。通过讨论和互动，学生可以更好地理解训练的目的和方法，同时也能从同学和教练的反馈中获得启发并改进。尊重教练和同学的意见是营造良好学习氛围的前提，这不仅体现了学生的礼貌和修养，也促进了团队合作精神的培养。一个充满尊重和理解的课堂环境，有助于学生间的良性竞争和共同进步。

安全原则是学生在训练中必须遵循的重要规范。中长跑训练有一定的风险，学生需时刻保持警惕，避免冒险行为。遵循安全原则不仅是对自身生命安全的保障，也是对他人安全的负责。教练在训练开始前通常会强调安全注意事项，学生需认真听取并遵守。严格遵循安全原则，学生能在训练中更专注于技术的提升，降低因意外而中断训练的风险。

二、中长跑教学的分组策略与个性化指导

（一）分组策略

分组策略在中长跑教学中扮演着至关重要的角色。合理的分组能够有效提升训练效果，并为学生提供更为个性化的指导。根据学生的能力水平进行分组是实现这一目标的基础。通过评估学生的技术与体能水平，将能力相近的学生分为一组，可以确保训练计划更具针对性。这样的分组策略不仅能够提升学生的训练效率，还能在相对均衡的竞争环境中激发学生的潜能。

在中长跑教学中，考虑学生的生理差异也是分组策略的重要组成部分。男女生在生理特征和体能表现上存在差异，因此合理安排男女生分组训练，可以更好地满足不同性别学生的需求。通过这种方式，教师能够设计出更具针对性的训练计划，从而增强教学的有效性。此外，根据性别分组还能在一定程度上减轻学生的心理压力，使他们在训练中更加自信。

除了能力和性别，学生的训练目标和兴趣爱好也是分组时需要考虑的重要因素。鼓励学生根据自己的兴趣选择训练项目，不仅能够提高他们的参与度，还能增强他们的积极性和主动性。兴趣导向的分组策略能够激发学生的内在动力，使他们在训练中更加投入。通过这种方式，不仅可以提高学生的训练效果，还能帮助他们在中长跑项目中获得更多的乐趣和成就感。

在中长跑教学中，定期评估学生的训练进展是动态调整分组策略的关键。随着学生能力的提升和训练目标的变化，分组策略也需随之调整，以确保每个学生在训练中都能得到适当的挑战和支持。通过定期评估，教师能够及时发现学生在训练中遇到的问题，并根据评估结果调整分组和训练计划。这种动态调整的机制不仅能够帮助学生克服训练中的困难，还能为他们提供持续的成长空间和机会。

（二）个性化指导方法

个性化指导方法在中长跑教学中扮演着至关重要的角色。根据学生的个人

技术特点制订个性化的训练计划，可以有效地提升他们在中长跑中的特定技能。首先，教练要对每位学生的技术特点进行详细分析，找出其优势和不足之处。其次，教练可以根据这些特点设计出适合该学生的训练计划，确保训练内容的针对性和有效性。个性化的训练计划不仅有助于提高学生的技术水平，还能增强他们的自信心，使他们在训练中更加投入。

在个性化指导中，定期的评估与反馈是必不可少的环节。通过定期评估学生的训练表现，教练可以及时了解学生的进步情况和存在的问题。在此基础上，教练能够对训练内容和强度进行适当调整，以确保学生在训练过程中不断进步和适应。评估的方式多种多样，如体能测试、技术动作分析以及心理状态评估等。及时的反馈不仅能帮助学生明确自身的进步，还能激励他们在训练中更加努力。

现代技术的进步为个性化指导提供了新的手段，视频分析技术便是其中之一。通过视频分析，教练可以帮助学生识别自身在跑步技术上的不足，并提供具体的改进建议。这一技术能够以直观的方式展示学生的动作细节，使他们更容易理解和改进。视频分析还可以记录学生的进步过程，为后续的训练计划调整提供依据。利用科技手段进行个性化指导，不仅提高了训练的科学性，还增强了学生的参与感。

个性化指导的另一个关键在于鼓励学生设定个人目标，并结合自身的兴趣和能力进行训练。目标的设定应当切合实际，同时具有一定的挑战性，以激发学生的内在动机。通过与学生共同制定目标，教练可以帮助他们明确训练的方向，增强训练的目的性。此外，结合学生的兴趣进行训练，还可以提高他们的积极性和持续性，使训练过程更加愉悦。个性化指导不仅是技术层面的支持，更是心理层面的激励，帮助学生在中长跑训练中取得更大的进步。

三、中长跑教学的时间安排与进度控制

（一）时间分配策略

在中长跑教学与训练中，时间分配策略是确保训练效果的关键因素之一。合理划分训练时间段需要根据中长跑训练的特点来进行，旨在为每个训练环节提供足够的时间进行技术指导与实践。中长跑训练通常包括热身、技术训练、体能训练和恢复等环节。每个环节的时间分配应根据训练目标和学生的实际情

况进行调整。例如，技术训练需要足够的时间来纠正学生的跑姿和提升他们的节奏感，体能训练则需要通过科学的时间分配来提升学生的耐力和速度。在课程安排中，还应预留适当的时间进行体能训练和恢复，这不仅能提高运动员的整体表现，还能有效降低受伤风险。恢复环节尤其重要，能帮助运动员在高强度训练后恢复体能，减少疲劳积累。

在中长跑教学中，灵活调整训练时间安排是满足学生个体差异化教学需求的重要策略。教师应根据学生的学习进度和反馈，适时调整训练计划，确保每位学生都能在适合自己的节奏下进行训练。这种灵活性不仅能提高学生的学习效率，还能增强他们的训练积极性和自信心。例如，对于进步较快的学生，可以适当增加训练强度和时间；对于需要更多时间掌握基础技术的学生，则可以延长技术训练的时间。此外，教师还应定期收集学生的反馈，了解他们的困难和需求，以便及时调整教学策略和时间安排。

结合比赛日程合理安排训练与休息的时间，是确保运动员在比赛前达到最佳状态的关键。在比赛期间，教师应根据比赛日程制订详细的训练计划，确保运动员在比赛前得到充分的训练和休息。训练计划应包括比赛前的训练强度和内容安排，以及比赛后的恢复计划。适当的休息时间安排能帮助运动员在比赛前保持良好的身体状态和心理状态，从而在比赛中发挥最佳水平。同时，比赛后的恢复训练也是不可忽视的环节，其能帮助运动员迅速恢复体能，为下一阶段的训练作好准备。通过科学合理的时间分配策略，可以有效地提高中长跑教学与训练的质量和效果。

（二）进度调整方法

进度调整在中长跑教学中扮演着关键角色。有效的进度调整方法不仅有助于提升学生的训练效果，还能在一定程度上预防运动损伤。为了实现这一目标，教师需根据学生的反馈和表现，及时调整训练内容。这种调整不仅可以确保每位学生在适合自身的水平上进行训练，还能在训练过程中不断激发学生的潜能和兴趣。教师应建立起合理的反馈机制，以便随时掌握学生的训练状态和心理反馈，从而在训练安排上作出相应的调整。

定期进行评估测试是进度调整的重要手段之一。通过科学的评估测试，可以客观地了解学生在某一阶段的训练成果和不足。依据测试结果，教师可以对训练进度进行调整，确保训练计划的有效性和科学性。这种评估机制不仅能为学生提供明确的进步方向，还能激励他们在训练中不断追求更高的目标。测试结果的分析应结合学生的个体差异，制定出更具针对性的训练方案。

在训练过程中，关注学生的身体状况和疲劳程度是教师的重要职责之一。灵活调整训练强度和休息时间，可以有效避免过度训练带来的负面影响。教师需要具备敏锐的观察力，及时识别出学生的疲劳信号，并迅速采取措施进行调整。这不仅有助于保护学生的身体健康，还能提高训练的效率和效果。合理的训练安排应当包括适当的休息和恢复时间，以便学生能够在最佳状态下投入训练。

结合学生的个人目标和进展，动态调整训练计划是中长跑教学中的一项重要策略。每个学生的身体素质、训练目标和进展速度各不相同，因此教师需要根据这些差异设计出个性化的训练方案。通过动态调整，教师可以确保每个学生都能在适当的挑战下保持积极性和参与度。这种方法不仅能够增强学生的训练效果，还能增强他们的自信心和成就感，激励他们在训练中不断进步。

四、中长跑教学的场地选择与器材准备

（一）场地选择标准

中长跑教学中的场地选择对于保障训练的效果和安全性至关重要。场地应具备平坦且坚实的跑道，以确保运动员在训练过程中获得稳定的支撑，降低受伤风险。平坦的跑道能够提供均匀的表面，使运动员在跑步时保持良好的步态和节奏，避免地面不平导致的扭伤或其他损伤。此外，坚实的地面还可以有效吸收跑步时产生的冲击力，保护运动员的关节和肌肉，尤其是在长时间的训练过程中，这一点尤为重要。

选择场地时需考虑周围环境的安全性，包括避免交通干扰和潜在的危险物品，以保障训练的安全性。安全的环境不仅能够让运动员专注于训练本身，还能减少外界因素对训练的干扰。例如，远离繁忙的交通路段既可以避免噪声和尾气污染，同时也降低了发生交通事故的风险。此外，场地周围不应有可能对运动员造成伤害的物品，如尖锐的物体或容易滑倒的表面，这样可以更好地保护运动员的安全。

场地应具备足够的空间，容纳多名运动员同时进行训练，避免因拥挤导致的事故和训练效果下降。在中长跑训练中，运动员需要足够的空间进行热身、跑步和放松等活动。如果场地过于狭窄，不仅会限制运动员的活动范围，还可

能导致运动员之间产生碰撞，增加受伤的风险。因此，选择宽敞的场地可以确保每位运动员都有足够的空间进行训练，从而提高训练的效率和效果。

此外，还需考虑场地的气候条件，选择通风良好且避风的区域，以提高训练的舒适度和运动员的表现。良好的通风条件可以帮助运动员在训练过程中保持体温稳定，避免过热导致的中暑等健康问题。同时，避风的区域还可以减少风对运动员跑步时姿态和速度的影响，使他们能够更专注于技术和体能的提升。在一些气候条件较为恶劣的地区，选择一个合适的场地对于中长跑训练的成功进行尤为重要。

（二）器材准备要点

在中长跑教学中，器材准备是确保训练顺利进行的关键环节。器材准备应当充分考虑每位运动员的个人需求。

合适的跑鞋和运动服是必不可少的，它们不仅能提升训练效果，还能提供舒适的运动体验。跑鞋应根据运动员的足型、跑步习惯和训练场地进行选择，以降低产生运动损伤的风险。运动服则应具备良好的透气性和吸湿性，以保持身体干爽，避免因出汗过多导致的不适。此外，还需考虑气候条件，准备适当的防寒或防晒装备，以确保运动员在各种天气条件下均能进行有效的训练。

除了基本的运动装备，辅助器材的准备同样重要。计时器、心率监测器和测距仪是中长跑训练中常用的辅助工具。计时器能够帮助教练和运动员准确掌握训练时间，心率监测器则用于实时监控运动员的心率变化，帮助调整训练强度，防止过度训练。测距仪可以精确测量跑步距离，帮助运动员设定合理的训练目标和计划。辅助器材的使用，不仅可以提高训练的科学性，还能为后续的训练分析提供可靠的数据支持。

为了保障训练的安全性，场地内的安全设施必须齐全。急救箱是必备的安全设施之一，内含基本的急救药品和工具，以便在意外发生时能及时处理。充足的水源也是必不可少的，运动员在训练过程中需要及时补充水分，以防止脱水。此外，教练员还应熟悉急救知识，并定期进行安全演练，以提高应对突发情况的能力。完善的安全设施，是保障运动员安全和训练顺利进行的基础。

定期检查和维护训练器材的完好性，是确保训练质量的重要措施。器材在长期使用过程中，可能会出现磨损或故障，定期检查有助于及时发现问题，避免因器材故障影响训练效果。对于电子器材，如计时器和心率监测器等，需定期更换电池，确保其正常运作。对于跑鞋和运动服，需关注其磨损程度，及时更换。保持器材的良好状态，不仅能延长其使用寿命，还能为运动员提供安全、舒适的训练环境。

第三节　中长跑训练计划的制订与执行

一、中长跑训练计划的目标设定与分析

（一）目标设定原则

在中长跑训练计划的制订过程中，目标设定原则是至关重要的。明确的训练目标不仅能为运动员提供清晰的努力方向，还能确保训练的针对性和有效性。目标设定应与运动员的个人能力和发展需求相结合，这一原则强调了个性化训练的重要性。每位运动员在身体素质、技术水平和心理状态上都有所不同，因此训练目标的设定必须考虑到个体差异，确保每位运动员都能在适合自己的节奏下进步。通过量身定制的目标设定，训练计划能更好地服务于运动员的成长需求，从而提升整体训练效果。

设定短期和长期目标是中长跑训练计划中的另一项重要原则。短期目标通常是指在较短时间内可以实现的具体技能或体能提升，如提高某次训练的速度或耐力。长期目标则更为宏观，如在赛季末达到某一竞技水平或获得某项比赛的优异成绩。目标设定的层次性有助于运动员在训练过程中保持持续的动力。短期目标的实现可以为运动员提供即时的成就感，增强其信心，长期目标则为他们提供了一个更为宏大的愿景，激励他们不断努力。

目标的可衡量性是确保训练计划有效性的关键因素之一。在中长跑训练中，目标的可衡量性体现在通过定期的评估和反馈来监测运动员的进展情况。通过设定明确的指标，如速度、耐力、心率等，教练和运动员能够及时了解训练的效果，并根据评估结果对训练计划进行必要的调整。这种动态的调整机制不仅能确保目标达成，还能帮助运动员在训练过程中不断优化自己的表现，达到最佳的竞技状态。

在设定中长跑训练目标时，需要充分考虑运动员的心理状态和动机。目标不仅要具有挑战性，还应能增强运动员的自信心。过于简单的目标可能无法激发运动员的潜能，过于困难的目标则可能导致运动员产生挫败感。因此，教练

在设定目标时，需与运动员充分沟通，了解其心理需求和动机水平，确保设定的目标能够在挑战运动员的同时，给予他们足够的信心和动力。这种平衡的把握，有助于运动员在训练中保持积极的心态，从而更好地实现训练目标。

（二）目标分析方法

在制订中长跑训练计划时，目标分析方法是确保训练有效性和科学性的关键。目标分析不是设定一个终点，而是通过系统的分析和方法论的应用来确保目标的实现。首先，运用SMART原则对训练目标进行细化，是目标分析中不可或缺的一部分。SMART原则强调目标的具体性、可衡量性、可达成性、相关性和时限性。应用这一原则能够帮助教练和运动员明确训练的方向和步骤，确保每一个训练目标都具备可操作性和清晰的评估标准。

目标分析的另一个重要方面是基于数据的科学分析。通过对运动员的体能测试和技术评估数据进行系统分析，可以识别出运动员在不同项目中的优势与不足。这些数据不仅为目标设定提供了坚实的基础，也为训练计划的优化提供了方向。数据分析能够揭示运动员在体能和技术层面的具体需求，从而使目标设定更具针对性和科学性。

心理因素在目标分析中同样扮演着重要角色。结合运动员的心理状态和情绪反应，分析其对训练目标的接受度，是确保目标设定能够激励运动员积极性的重要环节。运动员的心理状态直接影响其训练效果和比赛表现，因此目标分析必须考虑到运动员的心理状态和情绪波动。通过对运动员心理状态的深入了解，可以为其设定更具挑战性但同时又能够实现的目标，激发其潜能和训练热情。

目标分析方法还包括定期回顾和反思训练目标的达成情况。教练应基于运动员的反馈和表现结果，动态调整目标，以适应运动员发展的不同阶段。这样的动态调整不仅能够确保目标的持续相关性，也能够帮助运动员在不同的发展阶段保持训练的积极性和成就感。通过不断的反思和调整，训练目标能够更好地满足运动员的成长需求，促进其在中长跑项目中持续进步。

二、中长跑训练周期的划分与安排

（一）周期划分标准

训练周期的划分是中长跑训练计划中至关重要的环节。周期划分主要依据训练目标的不同，将周期划分为基础期、强化期、比赛期和恢复期。基础期旨在为运动员打下坚实的体能基础，通过有氧训练提升其心肺功能和肌肉耐力。强化期集中于提高运动员的专项能力，如速度、力量和技术的提升。比赛期间的训练更具针对性，以确保运动员在比赛中达到最佳状态。恢复期的安排则是为了帮助运动员在高强度训练后进行身体和心理恢复，防止过度训练带来的疲劳和伤病。

在周期划分中，运动员的生理和心理适应能力是关键考虑因素。合理安排各个周期的训练强度和内容，避免过度训练和疲劳积累，是确保运动员健康和提高竞技水平的重要手段。训练计划中需要综合考虑运动员的个人特点，如年龄、性别、训练水平和竞技目标等，以制定个性化的周期安排。科学有效的周期划分不仅能提高训练效果，还能有效降低产生运动损伤的风险。

依据赛季安排和重要比赛日程，训练周期的长度和重点需要灵活调整。运动员的训练计划应与比赛日程紧密结合，以确保在关键时刻达到最佳竞技状态。通过对赛季日程的全面分析，教练可以合理安排训练周期的时间分配，确保在重要比赛前，运动员能够在体能、技术和心理上都作好充分准备。这种灵活性要求教练具备敏锐的判断力和丰富的经验，以应对各种突发情况和挑战。

（二）训练安排策略

在中长跑训练中，制定合理的训练安排策略是至关重要的。训练安排策略不仅需要考虑运动员的技术水平和体能状况，还需根据个体差异制订个性化的训练计划。这样可以确保每位运动员都能在适合自己的强度和内容下进行训练，从而最大化发挥其潜能。个性化训练计划的制订需要教练对运动员进行全面的评估，了解他们的优缺点，进而设计出既能发挥其优势又能弥补其不足的训练方案。这种方法不仅提高了训练的效率，也增强了运动员的自信心和训练动力。

在制定训练安排时，合理安排耐力、速度和力量等训练内容的比例和顺序是提升整体训练效果的关键。耐力训练是中长跑训练的基础，能够增强运动员的心肺功能和肌肉耐力；速度训练有助于提升运动员的爆发力和比赛时的冲刺能力；力量训练则能增强肌肉力量和关节的稳定性。基于科学的训练安排，教练可以根据训练周期的不同阶段，灵活调整这些训练内容的比例和顺序，以提升运动员的综合素质。这样的安排不仅能提高训练的有效性，还能帮助运动员在比赛中更好地发挥自身实力。

定期评估运动员的训练效果是确保训练计划科学性和适应性的关键步骤。

通过评估，教练可以了解训练计划的实施效果，发现运动员在训练中的进步与不足，进而调整训练内容和强度。评估可以采用多种方法，如体能测试、技术评估、比赛成绩分析等。根据评估结果，教练可以对训练计划进行相应的调整，以确保运动员始终在适合的强度下训练，避免训练计划不当导致的训练效果不佳或运动损伤。

在训练计划中融入恢复和休息时间安排，是提高训练长期效果的重要策略。过度训练不仅会导致运动员疲劳，还可能引发运动损伤，影响其竞技状态。科学的恢复和休息安排可以帮助运动员有效恢复体能，修复肌肉损伤，保持良好的心理状态。教练应根据运动员的训练负荷和身体反应，合理安排休息日和恢复性训练，以确保运动员在高强度训练后能够充分恢复。这样不仅能提高训练的效果，还能延长运动员的运动寿命，提高其在比赛中的表现。

三、中长跑训练负荷的调整与监控

（一）负荷调控方法

在中长跑训练中，合理的负荷调控方法是确保运动员训练效果最大化的关键。根据运动员的生理特征和训练阶段，制定适当的训练负荷是科学训练的基础。训练负荷的设定包括强度、时间和频率等指标的综合考量。强度的选择需依据运动员的个人体能水平和训练目标，时间需根据运动员的恢复能力和训练阶段进行调整，频率则需与运动员的日常生活节奏相协调，以达到最佳的训练效果。

实时监控运动员的生理反应对于负荷调控至关重要。使用心率监测设备可以帮助教练和运动员及时了解运动员在训练中的生理变化。通过心率数据的分析，可以判断运动员的疲劳程度和恢复状态，从而在必要时调整训练负荷，防止过度训练和疲劳积累。这种动态的监控方式不仅提高了训练的安全性，也能有效促进运动员的长期健康发展。

训练负荷的周期性变化是提高运动员适应能力和性能的重要策略。在训练计划中，应设置负荷的渐进式增加，以逐步提高运动员的生理适应能力。通过合理的周期安排，运动员可以在负荷增加的过程中逐步适应更高强度的训练，从而提升整体的运动表现。这种方法不仅能增强运动员的体能上限，还能提高其心理适应能力。

定期进行体能测试和评估是确保训练计划科学性和个性化的重要手段。通过测试结果，教练可以了解运动员的当前状态，并据此动态调整训练负荷。科学的测试和评估体系能够帮助教练制订更具针对性的训练计划，确保每一位运动员都能在其能力范围内取得最佳的训练效果。这种个性化的训练方式不仅提高了训练的效率，也增强了运动员的信心和动力。

（二）监控技术应用

监控技术在现代中长跑训练中的应用，已成为提高训练效率和运动员表现的重要手段。通过先进的技术手段，教练和运动员能够对训练负荷进行科学的监控与调整，从而实现训练计划的优化。GPS 技术的应用是其中一项重要的监控手段。通过 GPS 技术，教练可以实时监测运动员的跑步轨迹和速度变化。这种技术不仅可以帮助分析运动员在训练过程中的路线选择，还能提供详细的数据支持，以便在训练计划中作出必要的调整。通过对跑步轨迹的分析，教练可以识别运动员在不同阶段的速度变化，从而更好地制订和优化训练计划，确保训练的科学性和有效性。

心率变异性监测技术在评估运动员的恢复状态和训练适应性方面具有重要作用。这项技术能够通过分析运动员的心率变异性数据，提供关于其身体恢复状态的实时反馈。通过这种监测，教练可以判断运动员是否在训练后得到了充分恢复，以及当前的训练负荷是否适宜。心率变异性监测技术的应用，有助于教练在训练过程中进行合理的负荷调整，避免运动员过度训练导致的疲劳和伤病。同时，这项技术也为运动员的个性化训练提供了科学依据，能够确保训练的安全性和有效性。

视频分析软件的应用，为运动员的技术改进提供了强有力的支持。通过视频分析软件，教练可以对运动员的跑步姿态进行实时监控和分析。这种监控方式能够识别出运动员在跑步过程中存在的技术缺陷，并及时提供反馈。通过对视频数据的分析，教练可以为运动员制定针对性的技术改进方案，帮助他们提高跑步效率和表现。视频分析软件的应用，不仅提高了技术训练的精确性，也增强了运动员对自身技术的认知，促进了技术水平的不断提升。

运动传感器的广泛应用，为个性化训练方案的制定提供了丰富的数据支持。通过运动传感器，教练可以收集到关于运动员步频、步幅和能量消耗等关键指标的数据。这些数据为教练提供了运动员在训练过程中表现的全面视角，有助于他们制定更加个性化的训练方案。通过对数据的分析，教练可以识别出运动员在训练中的优势和不足，从而在训练计划中进行有针对性的调整。运动传感器的应用，不仅提高了训练的科学性和精确性，也为运动员的个性化发展提供了重要的技术支持。

四、中长跑训练内容的多样化与组合

（一）训练内容选择

在中长跑训练中，内容的选择至关重要，直接关系到运动员综合素质的提升和比赛成绩的提高。有效的训练内容选择需要综合考虑运动员的实际水平、比赛目标以及训练周期的安排。

耐力是中长跑运动员重要的体能素质之一，多样化的耐力训练方法是提升运动员耐力和适应性的关键。长距离跑训练是耐力训练的基础，持续的长时间跑步，可以提高运动员的心肺功能和肌肉耐力。间歇跑则可以通过高强度和低强度交替进行，增强运动员的速度耐力和乳酸耐受能力。变速跑训练可以有效提高运动员的速度变换能力和比赛中的战术执行力。这些训练方法的组合使用，不仅能够提高运动员的耐力水平，还能增强其在不同比赛环境中的适应能力，从而在比赛中取得更优异的成绩。

技术训练是中长跑训练的重要组成部分，其重点在于提升运动员的步频、步幅和呼吸技巧。步频和步幅的合理调节可以显著提高跑步效率，减少体能消耗。通过步频训练，运动员可以提高跑步的节奏感和速度，步幅训练则有助于增强身体爆发力和步伐的稳定性。呼吸技巧的训练则是为了提高运动员的氧气利用效率，降低疲劳感。通过科学的技术训练，运动员可以在不同技术层面上实现突破，提升整体跑步表现。这些技术细节的优化不仅能提高训练效果，还能在比赛中为运动员争取宝贵的时间。

力量和柔韧性训练是中长跑运动员综合素质提升的基础。力量训练主要通过针对性动作训练，增强肌肉力量和耐力，特别是下肢肌群的力量，对于提高运动员的起跑速度和耐力至关重要。柔韧性训练则通过拉伸和柔韧性练习，提升运动员的关节活动范围和身体的灵活性，降低产生运动损伤的风险。两者的结合使用，不仅能提高运动员的运动表现，还能增强其在比赛中的稳定性和抗疲劳能力。通过科学的力量与柔韧性训练，运动员可以在比赛中表现得更加出色。

心理素质是影响中长跑运动员比赛表现的重要因素之一。通过正向自我对话，运动员可以增强自信心，保持积极的心理状态，克服比赛中的压力和紧张情绪。可视化技术则通过在脑海中模拟比赛场景，帮助运动员提前适应比赛环境和节奏，提高心理承受能力。在训练和比赛中，良好的心理素质有助于运动员保持专注，发挥出最佳水平。心理素质训练，不仅能提高运动员的心理抗压能力，还能增强其在比赛中的竞争力，为取得优异成绩奠定基础。

（二）组合策略

在中长跑训练中，组合策略的应用至关重要。这种策略强调通过多种训练方法的有机结合，全面提升运动员的综合能力。组合策略不是简单的训练项目叠加，而是基于科学分析的系统性设计。通过对运动员个体特点的深入了解，教练员可以制定出符合其发展需求的训练组合。这种策略不仅能够提高运动员的生理素质，还能够促进其心理素质的提升，为其在比赛中取得优异成绩奠定基础。

耐力与速度是中长跑运动员必须具备的两大核心能力。通过间歇跑与变速跑的组合训练，可以有效地提升这两方面的能力。间歇跑训练能够提高运动员的有氧耐力，增强其心肺功能；变速跑则着重于提升速度和爆发力。将二者结合，运动员不仅能够在长时间的比赛中保持稳定的速度，还能在关键时刻提升速度。这种结合训练能够促使运动员在体能和技战术水平上实现双重突破，从而在比赛中表现出色。

力量和技术是运动员竞技水平的重要组成部分。在中长跑训练中，力量训练旨在提高运动员的下肢爆发力和耐力，技术训练则关注于跑步姿势和步频的优化。通过将力量训练与技术训练相结合，可以设计出更具针对性的训练内容。例如，结合力量训练中的深蹲、弓步等动作，可以改善运动员的跑步姿势，提升其步幅和节奏。这样的训练组合不仅能增强运动员的肌肉力量，还能提高其技术水平，使其在比赛中更加游刃有余。

在高强度的中长跑训练中，运动员不仅需要具备强健的体魄，还需要坚韧的心理素质。心理素质训练与身体训练的融合，能够帮助运动员在面对高强度训练时保持心理稳定和积极的心态。通过心理训练，运动员可以学会如何在疲劳和压力下保持专注，增强抗压能力。结合身体训练的实际场景，心理训练可以通过模拟比赛情境，帮助运动员适应比赛压力，提高其心理承受能力，为比赛中发挥最佳水平提供保障。

第四节　中长跑耐力与速度训练方法

一、有氧耐力训练

（一）有氧训练的实施步骤

有氧训练的实施步骤是中长跑教学与训练实践中的关键环节。

制订个性化的有氧训练计划是确保运动员取得最佳训练效果的基础。教练需要根据运动员的基础体能和目标，设计适宜且有效的训练内容。这不仅能帮助运动员提高耐力，还能使其在训练过程中保持积极性和动力。个性化训练计划的制订需要综合考虑运动员的年龄、性别、训练经验以及目标赛事的具体要求等，以确保训练计划的科学性和针对性。

选择适合的有氧训练方式是提升训练效果的另一项重要因素。长跑、游泳或骑行等都是常用的有氧训练方式。通过多样化的训练方式，运动员可以在不同的运动环境中锻炼心肺功能，增加训练的趣味性，避免因单一训练方式导致的疲劳感和倦怠感。多样化的训练不仅能丰富运动员的训练体验，还能有效提升其整体耐力水平。

设定明确的训练强度和时间是有氧训练达成的关键。利用心率监测设备，教练可以确保运动员在目标心率区间内进行训练，这对于提升心肺功能至关重要。心率监测设备能够实时反馈运动员的身体状态，使教练能够根据运动员的心率变化调整训练强度和时间，确保训练的安全性和有效性。

定期进行评估和测试是确保训练计划适应运动员身体变化的重要措施。通过记录运动员的进展情况，教练可以及时调整训练计划，以适应其身体的变化和适应能力。评估和测试不仅能为教练提供数据支持，还能帮助运动员了解自身的进步和不足，从而激励他们在训练中不断挑战自我。

在有氧训练中，合理的补水和营养摄入也是不可忽视的环节。运动员在训练期间应确保获得足够的能量和恢复支持，以应对高强度的训练负荷。科学的营养补充不仅能提高运动员的训练效果，还能加速其恢复，降低训练后的疲劳感。营养策略需要根据运动员的训练量、体重和个人需求进行合理调整，以确保其在训练中处于最佳状态。

（二）有氧训练的注意事项

有氧训练在中长跑训练中扮演着至关重要的角色，其实施效果不仅依赖于科学的训练计划，还需注意若干关键事项。首要的是确保运动员在训练前进行充分的热身，热身活动可以有效地预防运动损伤，并提升训练的整体效果。热身不仅包括简单的拉伸，还应结合动态活动，以激活肌肉和关节，提高心率，为接下来的训练作好全面准备。此外，训练后进行适当的放松和拉伸同样重要，这有助于肌肉的恢复，并能显著减少酸痛感。通过一系列的静态拉伸和放松练习，运动员可以更快地恢复到最佳状态，为下次训练作好准备。

在有氧训练过程中，运动员的健康饮食和营养摄入是不可忽视的环节。运动员在训练前后获得足够的能量和营养支持，不仅能提高训练表现，还能加速恢复过程。运动员应摄入富含碳水化合物的食物，以提供持续的能量，同时蛋白质的摄入也有助于肌肉的修复和生长。饮食计划应该根据运动员的具体需求和训练强度进行合理调整，以达到营养平衡。

定期监测运动员的身体状态是确保训练安全和有效的另一个重要方面。通过科学的监测手段，如心率监测、疲劳评估等，可以及时了解运动员的身体反应和训练适应程度。根据监测结果，教练可以适时调整训练计划，避免过度训练和疲劳积累，对于保持运动员的竞技状态至关重要。过度训练不仅会导致运动表现下降，还可能引发一系列健康问题，因此合理的训练安排和及时调整是必不可少的。

培养运动员的心理准备同样是有氧训练中不可忽视的环节。运动员在训练中保持积极的心态，不仅能够提升训练效果，还能增强他们的心理韧性。通过心理辅导、目标设定和积极反馈，运动员可以在训练中更好地应对挑战，保持高昂的斗志和信心。心理准备的培养不仅有助于运动员在训练中发挥最佳水平，还能提高他们在比赛中的心理稳定性和抗压能力。

二、无氧耐力训练

（一）无氧训练的关键技术

无氧训练在中长跑教学与训练实践中具有重要的作用。无氧训练的关键技术在于合理安排高强度的训练负荷，以提高运动员的无氧耐力和爆发力。高强度间歇训练（HIIT）是一种行之有效的方法，通过短时间的高强度运动与短暂的休息交替进行，能够显著提升运动员的无氧代谢能力和爆发力。HIIT不仅能提高心肺功能，还能在短时间内增加训练强度，带来更高的训练效率。研究表明，HIIT可以有效提高运动员的乳酸阈值，使其在高强度运动中表现更佳。

力量训练是提升无氧代谢能力的另一条重要途径。通过系统的力量训练，运动员可以增强肌肉的力量输出能力，从而在短时间内产生更大的爆发力。力量训练的重点在于提高肌肉的无氧代谢能力，要求在训练中适当增加负荷，并结合多种训练方式，如使用杠铃、壶铃等器械，增加训练的多样性和针对性。通过力量训练，运动员不仅能够提高肌肉的耐力，还能提升肌肉的恢复能力，有助于在高强度训练后保持良好的状态。

短时间的冲刺训练也是提升无氧耐力的重要手段。冲刺训练能够有效提高运动员的乳酸阈值，使其在高强度运动中能够更好地耐受乳酸的积累，延缓疲劳的出现。冲刺训练通常结合短时间的高强度运动和适当的恢复期，使运动员在短时间内达到最大心率，从而提高其无氧代谢能力和耐力水平。在冲刺训练中，运动员需要注重节奏的把握和呼吸的调节，以保证训练的效果和安全性。

无氧训练的多样性体现在结合多种训练器械和方法上。如使用杠铃、壶铃等器械可以增加训练的针对性和趣味性，帮助运动员在不同的训练环境中提高无氧代谢能力。通过结合多种训练手段，运动员可以在不同的运动场合中灵活应用无氧训练技术，提高整体的训练效果。此外，多样化的训练方式还能提升运动员的训练兴趣，帮助其在长期的训练过程中保持积极性和动力。

在无氧训练中，恢复策略至关重要。高强度的无氧训练往往伴随较大的身体负荷，因此合理的恢复策略可以帮助运动员在训练后迅速恢复体能，减少疲劳积累。恢复策略包括适当的营养补充、充分的休息以及科学的拉伸和放松练习等。通过有效的恢复策略，运动员可以在训练后保持良好的身体状态，从而在下一次训练中继续提高无氧耐力和爆发力。

（二）无氧训练的常见误区

无氧训练在中长跑训练中扮演着重要的角色。然而，许多运动员和教练在实施无氧训练时，常常会陷入一些误区。

无氧训练时忽视热身是一个常见问题，这可能导致肌肉拉伤和运动损伤。热身是运动前准备的重要环节，通过逐渐提高身体温度和心率，可以有效地预防运动损伤。忽视这一环节，不仅增加了受伤的风险，还可能影响训练的效果。

因此，科学合理的热身是无氧训练不可或缺的一部分。

过度依赖器械训练而忽略自身体重训练也是无氧训练中的一个误区。虽然器械训练可以针对特定肌肉群进行强化，但自身体重训练能够更好地促进肌肉的全面发展和平衡能力的提升。自身体重训练，如俯卧撑、引体向上等，能够在不需要额外器械的情况下，全面提高肌肉的协调性和耐力。因此，在无氧训练中，合理结合器械训练和自身体重训练，可以更有效地促进肌肉的全面发展。

合理安排恢复时间是无氧训练中不可忽视的一个环节。在无氧训练中未合理安排恢复时间，可能导致疲劳积累和训练效果下降。恢复时间不足，会使得肌肉无法得到充分的修复和生长，进而影响训练效果。科学的训练计划应包括足够的恢复时间，以确保肌肉在高强度训练后得到充分的休息和恢复。通过合理的恢复安排，运动员可以提高训练效果，避免疲劳导致的运动表现下降。

无氧训练目标设定不明确，可能导致训练缺乏针对性和有效性。明确的训练目标是指导训练计划制订的基础。没有明确的目标，训练可能会变得盲目和无效。设定明确的训练目标，有助于运动员在训练中保持专注，并根据目标调整训练强度和方法。通过设定短期和长期目标，运动员可以更有针对性地进行无氧训练，提高训练的有效性和针对性。

认为无氧训练只适合短时间高强度运动，忽视其在耐力提升中的重要作用。这种误解可能导致运动员在训练中对无氧训练的应用不足。事实上，无氧训练不仅可以提高短时间内的爆发力，还能通过特定的训练方法，促进肌肉耐力的提升。通过合理的无氧训练安排，运动员可以在提高速度的同时，增强肌肉的耐力，为中长跑比赛中后程能力的提升提供支持。

三、速度训练

（一）速度训练的基本类型

速度训练作为中长跑训练中的重要组成部分，其基本类型多样且各具特色。

短距离冲刺训练是提升运动员起跑速度和爆发力的关键手段。通过 3060 米的快速跑步练习，运动员能够在短时间内激发最大肌肉力量和神经系统反应能力。这种训练不仅有助于提高运动员的起跑效率，还能在比赛中为其赢得宝贵的时间优势。短距离冲刺训练通常需要在高强度下进行，并结合充分的休息，以确保运动员能够在每次训练中都能达到最佳状态。

中距离速度训练则侧重于在较长距离内提升速度表现，通常涵盖200～400米的重复跑步。这种训练方式要求运动员在保持一定速度的同时，增强耐力和心肺功能。通过反复进行中距离速度训练，运动员不仅能够提高肌肉耐力，还能有效提升自身在比赛中保持高速的能力。这类训练常常与节奏控制相结合，以培养运动员在不同阶段的速度调控能力，从而使其在比赛中更好地应对各种节奏变化。

变速跑训练是一种通过在同一训练中交替进行不同速度的跑步，来帮助运动员提高速度适应能力和耐力的方法。变速跑训练的核心在于模拟比赛中的速度变化，使运动员能够在不同速度下迅速调整身体状态。这种训练方式不仅提高了运动员的速度和耐力，还强化了其在比赛中处理突发情况的能力。此外，变速跑训练对提高心肺功能和肌肉协调性也具有显著作用，是中长跑训练中不可或缺的一部分。

坡道速度训练是利用坡道进行跑步，以增加下肢力量和速度，提升运动员在不同地形下的表现。通过坡道训练，运动员能够有效增强腿部肌肉力量和爆发力，同时提高心肺耐力。这种训练方式在模拟比赛中上坡和下坡的情况时尤为有效，有助于运动员在复杂地形中保持稳定的速度和节奏。此外，坡道训练还可以提高运动员的步频和步幅，使其在平地跑步时更加轻松自如。

节奏跑训练强调在较长时间内保持一定的速度，帮助运动员提高乳酸阈值和整体跑步经济性。通过长时间的节奏跑，运动员能够训练身体适应长时间的高强度运动，延缓疲劳的出现。节奏跑训练不仅提高了运动员的耐力，还优化了其跑步技术和能量利用效率。通过合理的节奏跑训练，运动员可以在比赛中更好地分配体能，确保在最后阶段仍能保持良好的速度和姿态。

（二）速度训练的优化策略

在中长跑训练中，速度训练的优化策略是提高运动员竞技水平的关键。速度训练的优化策略不仅需要考虑运动员的体能状况，还需结合实际比赛目标，以确保训练的针对性与有效性。通过制订个性化的速度训练计划，可以为运动员量身定制训练内容，使其更加契合运动员的实际需求。个性化计划的制订需要综合分析运动员的体能评估结果和比赛要求，以便在训练过程中逐步提高运动员的速度潜力。

合理安排训练强度与恢复时间是速度训练中的重要环节。过度训练不仅可能导致运动员身体疲劳，还可能引发运动损伤，进而影响整体训练效果。因此，在速度训练中，需科学规划训练强度，确保运动员能够在充分恢复的情况下进行高强度训练。通过合理的训练周期安排，可以有效避免运动员过度疲劳，确保其在训练和比赛中始终保持最佳状态。

结合力量训练与速度训练是提升运动员速度表现的重要策略。力量训练，尤其是下肢力量和爆发力的提升，能够为速度训练提供强有力的支持。通过针对性力量训练，可以提高运动员的肌肉力量和耐力，从而在短时间内提升其速度表现。在实际训练中，力量训练与速度训练的结合需要基于科学的训练计划和监控，以确保两者的协同作用达到最佳效果。

在现代速度训练中，技术手段的应用已成为不可或缺的一部分。通过视频分析和心率监测等技术手段，可以实时评估运动员的训练效果。视频分析能够帮助教练和运动员发现技术动作中的不足，心率监测则提供了运动员身体状态的实时反馈。综合运用这些技术手段，教练可以及时调整训练策略，优化运动员的表现，确保训练的科学性和有效性。

多样化的速度训练组合是提高运动员速度适应能力的重要手段。短距离冲刺、变速跑和坡道训练等多种训练方法的结合，能够全面提升运动员的速度能力。通过不同类型的速度训练，运动员可以在各种条件下提高速度表现，增强对不同比赛环境的适应能力。多样化的训练组合不仅丰富了训练内容，也为运动员提供了全方位的速度提升途径。

第四章　跳跃项目教学与训练实践

第一节　跳跃项目技术动作要领与训练重点

一、起跳技术的关键要素与训练方法

（一）起跳前的准备动作

起跳前的准备动作在跳跃项目中扮演着至关重要的角色。起跳前的助跑节奏调整是确保运动员在接近起跳点时能达到最佳速度的关键。助跑节奏的调整不仅需要运动员对自身节奏的良好把控，还需要教练根据运动员的特点进行个性化指导。在助跑过程中，运动员的步频和步幅调整必须精确，以确保在起跳点时达到理想的速度，这直接影响起跳的质量和高度。通过科学的训练方法，运动员可以在助跑中逐渐提高速度，并在起跳时将速度转换为垂直方向的上升动能。

身体重心的前倾角度控制是起跳技术的另一个关键要素。适当的前倾角度可以帮助运动员在起跳瞬间产生更大的上推力。研究表明，前倾角度的控制需要依据运动员的身体条件和跳跃项目的具体要求。过大的前倾可能导致失去平衡，过小的前倾则可能降低起跳高度。因此，运动员和教练需要在训练中反复尝试，以找到最佳的前倾角度。通过视频分析和生物力学测量，运动员可以更好地理解和调整自己的前倾角度，以提高起跳效率。

选择合适的起跳点是起跳技术中不可忽视的因素。起跳点应依据运动员的身高和腿长进行合理的设定。起跳点过近或过远都会影响起跳的效果，进而影响跳跃的整体表现。运动员在训练中需要通过不断的尝试和调整，找到最适合自己的起跳点。教练可以通过标记地面或使用辅助设备帮助运动员确定起跳点的位置，并通过反复练习使运动员在比赛中能够自动找到合适的起跳位置。

心理准备阶段的放松与专注训练是确保运动员在起跳前保持良好心理状态的关键。心理因素在跳跃项目中起着重要作用，良好的心理状态有助于运动员在起跳时发挥出最佳水平。运动员需要通过心理训练，学会在压力下保持冷静

和专注。放松训练包括深呼吸、冥想和可视化等方法，有助于运动员在起跳前放松紧绷的神经，集中注意力于即将进行的动作。

动态热身是起跳前准备动作的最后一个重要环节。通过动态热身，运动员可以增强肌肉的灵活性与柔韧性，为起跳动作提供必要的身体状态。动态热身通过有节奏的动作提高肌肉温度，扩大关节的活动范围，从而有效预防运动损伤。运动员在进行动态热身时，可以结合自身特点选择合适的动作，如高抬腿、弓步跳等，以确保身体在起跳时达到最佳的运动状态。

（二）起跳时的力量发力

在跳跃项目中，起跳时的力量发力是决定运动员成绩的重要因素。起跳动作的有效执行要求运动员在短时间内释放出最大的力量，这不仅依赖于肌肉的力量，还包括技术的熟练程度和心理状态的准备。起跳时，运动员需要通过脚掌的正确发力点来实现最佳的力量传递。具体而言，脚掌的前部与地面的接触能够提供更强的向上推力，这种接触方式有助于将地面反作用力有效传递到身体，从而提升起跳的高度和质量。

起跳瞬间的全身协调发力是另一个关键要素。运动员需要确保腿部、核心及上肢的力量同步释放。腿部力量为起跳提供主要动力，核心力量在维持身体稳定性和力量传递中扮演重要角色，上肢的摆动则可以增加起跳的高度和距离。通过协调这些部位的发力，运动员能够在起跳时获得更高的效率和更好的成绩。这种全身的协调发力需要通过长期的训练和实践来达成，以确保在比赛中能够自然流畅地完成。

快速的肌肉收缩反应在起跳中同样至关重要。通过训练肌肉的爆发力，运动员可以在起跳时实现力量的最大化输出。这种快速反应不仅依赖于肌肉本身的能力，还需要通过专项训练来提高神经系统的反应速度，从而减少发力延迟。在训练中，运动员可以通过多种方法，如负重跳跃、弹性带训练等来提高肌肉的爆发力，这些方法能够有效提升肌肉的快速收缩能力。

重心的快速转移与控制是确保起跳动作顺利完成的另一个重要因素。在起跳瞬间，运动员需要将身体重心迅速向上移动，以避免前倾或后仰。这种重心的控制不仅影响起跳的高度，还关乎运动员在空中的姿态和落地的稳定性。通过训练，运动员可以提高对重心的感知和控制能力，从而在起跳时保持良好的身体姿态，确保动作的连贯性和有效性。

起跳前的心理暗示与自我激励也是影响起跳表现的重要因素。运动员在起跳前需要通过心理暗示增强自信心，这种心理准备能够帮助运动员在发力瞬间集中注意力，充分发挥身体的潜能。通过积极的自我暗示和心理训练，运动员可以提高对自身能力的信任，从而在比赛中表现出色。在训练中，教练可以通过心理辅导和正面激励来帮助运动员建立积极的心理状态，为起跳动作的成功奠定基础。

（三）起跳后的身体调整

在跳跃项目中，起跳后的身体调整是决定运动员空中表现的重要环节。起跳后，运动员需迅速调整身体姿态，确保在空中保持流线型。流线型的姿态有助于减小空气阻力，从而提升飞行效率。这不仅要求运动员具备良好的身体控制能力，还需要在训练中反复磨炼，以形成肌肉记忆，使得每次起跳后的调整都能迅速且准确。通过科学的训练方法，运动员能够在空中以最小的能量损耗实现最佳的飞行轨迹。

空中的肢体协调对于跳跃项目的成功至关重要。运动员需要注重双腿与双臂的配合，以保持身体的平衡，并为落地作好准备。这种协调性不仅涉及身体各部位的同步动作，还要求运动员在空中保持良好的节奏感。通过专项训练，运动员可以提高对身体的感知能力，从而在空中实现完美的肢体配合。这样的训练需要教练的精确指导和运动员的刻苦练习，以确保运动员在实战中能够运用自如。

在空中保持心理稳定同样是成功的关键因素。运动员需要培养对飞行过程的自信，缓解紧张情绪。心理稳定不仅有助于运动员在空中保持良好的状态，还能提高其对意外情况的反应能力。通过心理训练和模拟比赛环境，运动员可以逐步建立起对自身能力的信心。自信心的建立不仅依赖于技术的提升，还需要心理教练的专业指导和运动员自身的心理素质训练。

二、空中姿态的控制与调整技巧

（一）空中姿态的基本要求

在跳跃项目中，空中姿态是决定运动员表现的重要因素。空中姿态的基本要求首先体现在保持身体的流线型姿态。这种姿态能够有效地减小空气阻力，从而提升飞行效率。流线型姿态的保持需要运动员在起跳后迅速调整身体，使其在空中呈现出最小的迎风面积。这不仅有助于延长身体滞空时间，还能为后续动作提供更好的条件。流线型姿态的掌握需要运动员通过反复的训练和对空气动力学原理深入理解，从而在空中能自如地调整身体。

双腿的协调性也是空中姿态的重要组成部分。在空中，运动员需要根据不同的跳跃项目要求，选择适当的收腿或伸展动作。这一过程要求双腿的动作必须协调，以确保在空中保持平衡，并为落地做好准备。双腿的协调性训练通常包括在不同高度和距离的跳跃练习中，反复调整腿部动作，以找到最佳的空中姿态。这种训练不仅提高了运动员的空中稳定性，也增强了他们在空中姿态变化中的适应能力。

上肢的自然摆动在空中姿态保持中起到平衡和稳定的作用。运动员在空中时，上肢的摆动能够帮助调整身体的重心，维持整体的平衡。自然的上肢摆动需要与下肢动作相协调，避免摆动导致身体的摇晃或失衡。在训练中，教练可以通过视频分析和现场指导，帮助运动员找到最适合的上肢摆动节奏，以增强空中姿态的稳定性。

核心肌群的收紧是保持身体紧致感的关键。核心肌群包括腹部、背部和臀部的肌肉群，在空中姿态的稳定中扮演了重要角色。通过核心肌群的收紧，运动员可以有效避免摇晃和失衡，从而确保动作的流畅性。核心肌群的训练通常结合力量训练和稳定性训练进行，以增强其对姿态控制的支持能力。

（二）空中姿态的调整方法

空中姿态的调整方法在跳跃项目中至关重要，直接影响运动员的表现和成绩。空中姿态的调整不仅依赖于运动员的身体素质，还需要技术的支持和心理的准备。运用视觉化技术帮助运动员在空中保持理想姿态是一种有效的方法。通过想象飞行过程中的身体姿势，运动员可以在心理上构建一个理想的动作模型，从而增强自信心。这种方法不仅有助于运动员提高技术水平，还能使其在比赛中缓解紧张情绪，提升整体表现。

进行空中姿态的模拟训练是提高运动员技术水平的重要手段。通过视频回放，运动员可以清晰地观察自己的空中动作，识别不足，并进行针对性的纠正。视频回放不仅提供了视觉反馈，还能通过慢动作分析帮助运动员理解动作细节。通过反复观看和分析，运动员能够逐渐改进自己的技术动作，达到理想的空中姿态。此外，这种训练方法还可以帮助教练更合理地指导运动员，提供更为精准的技术建议。

实施针对核心肌群的力量训练是提升空中姿态保持能力的关键。核心肌群的力量直接影响身体的稳定性和控制力，从而决定运动员在空中姿态的优劣。通过系统的力量训练，运动员可以增强腹部、背部和臀部肌肉群的力量，提高身体的整体协调性。在训练中，教练应根据运动员的具体情况，制订个性化的训练计划，以确保力量训练的有效性和安全性。这种训练不仅能提升运动员的空中表现，还能有效预防运动损伤。

利用平衡训练器材，如平衡板等，可以显著增强运动员在空中对身体姿态的调整能力。平衡训练器材能够模拟空中不稳定的状态，迫使运动员在训练中不断调整身体姿态，从而锻炼其平衡能力和反应速度。通过这种训练，运动员可以提高对身体姿态的控制能力，在空中更自如地进行调整。此外，平衡训练还能提高运动员的专注力和协调性，为跳跃动作的成功完成提供有力保障。

在训练中设置具体的空中姿态反馈机制是帮助运动员提高技术水平的有效途径。通过反馈机制，运动员可以在飞行过程中自我监测和调整身体姿态。这种机制可以通过教练的口头反馈、视频分析以及运动员自我评估等多种形式实现。有效的反馈机制能够帮助运动员迅速识别问题并进行调整，提升训练效果。鼓励运动员积极参与反馈过程，不仅能提高其自我调整能力，还能增强其在比赛中的自信心和表现力。

（三）空中姿态的稳定性训练

在跳跃项目中，空中姿态的稳定性对运动表现至关重要。通过一系列针对性的训练方法，可以有效地提高运动员在空中的姿态控制能力。首先，动态平衡训练是提升空中姿态稳定性的有效手段。例如，运动员可以在空中模拟平衡木或进行单脚站立训练，这些训练可以提高他们在不稳定环境下的平衡能力。此外，核心力量训练也是增强空中姿态控制的重要手段。通过强化腹部和背部肌肉的力量，运动员能够更好地控制身体在空中的姿态，从而提高整体表现。

视觉反馈训练是一种现代化的训练方法，通过使用镜子或视频监控设备，运动员可以实时观察并调整自己的空中姿态。这种训练方式不仅能帮助运动员识别自身姿态的不足，还能通过即时反馈进行纠正，从而提高训练效率。特定的空中动作练习，如模拟跳跃中的空中姿态等，也有助于增强运动员对自身位置的感知。这种训练能够使运动员在空中对身体的每一个细微调整更加敏感，从而在实际比赛中更好地控制姿态。

此外，呼吸控制技巧在空中姿态的稳定性训练中也扮演着重要角色。通过控制呼吸，运动员可以在空中保持放松的状态，降低紧张导致的姿态失控风险。呼吸的节奏和深度影响着运动员的心率和肌肉紧张度，因此掌握呼吸控制不仅能提高空中姿态的稳定性，还能提升整体运动表现。在这些综合训练方法的帮助下，运动员可以在空中保持更加稳定和优美的姿态，进而在比赛中取得更好的成绩。

三、落地技术的安全性与有效性训练

（一）落地前的身体调整

在跳跃项目中，落地技术的安全性与有效性是运动员表现的重要组成部分。落地前的身体调整对于确保运动员在完成跳跃动作后安全着地至关重要。运动员需在空中阶段对身体重心进行调整，确保在接触地面时，重心位于双脚之间。重心调整有助于提高落地的稳定性，降低侧倾或前倾的风险，从而避免伤害。此外，运动员还需在空中保持膝关节微屈状态，这种准备姿势可以有效缓和落地时的冲击力，降低膝关节和踝关节扭伤的风险。

视线的预判是落地前身体调整的另一个关键要素。运动员应在空中阶段提前观察落地位置，确保在落地前能够及时调整身体姿态。这种前瞻性的视线控制不仅有助于运动员精准落地，还能提高整体动作的流畅性和协调性。与此同时，运动员在即将接触地面时应使全身肌肉保持放松状态。通过放松肌肉，运动员可以增强缓冲能力，进一步降低受伤的可能性。

加强对落地时脚掌着地方式的练习也是提高落地安全性和有效性的关键。运动员应确保脚掌的前部先接触地面，这样能够有效分散冲击力，减少对脚踝和膝关节的直接压力。此外，前脚掌着地有助于快速转换到下一个动作，提高整体运动表现。在训练中，教练应指导运动员不断练习和调整，以达到最优的落地技术，确保在实际比赛中的表现稳定而出色。通过系统的训练和科学的指导，运动员可以在提高技术水平的同时，最大限度地保障自身的安全。

（二）落地时的力量吸收

在田径跳跃项目中，落地时的力量吸收是确保运动员安全和提高运动表现的关键环节。落地时膝关节的屈曲角度调节至关重要，通过适当的屈曲可以有效吸收冲击力，降低对关节的损伤风险。在训练中，应强调运动员对膝关节角度的精确控制，以增强其在落地过程中对冲击力的缓冲能力。这不仅有助于减少运动损伤，还能提高运动员的整体表现。

利用脚掌前部着地的技巧是增强落地稳定性和缓冲效果的有效方法。脚掌前部着地能够更好地分散冲击力，降低受伤概率。在训练中，教练应指导运动员掌握这一技巧，以确保每次落地时都能保持良好的平衡和稳定性。这一技术不仅能提升运动员的安全性，还能提高其在比赛中的表现。

在落地瞬间，身体重心的快速下降与分散对优化力量吸收效果至关重要。通过训练运动员在落地时快速调整重心，可以有效避免重心不稳导致的失衡。这种快速的重心调节能力需要通过系统的训练来提高，以确保运动员在高强度比赛中能够保持最佳状态。

落地时全身肌肉的协调放松是帮助缓冲地面冲击的重要因素。肌肉的协调放松不仅能提升运动员在落地后的恢复能力，还能防止紧张导致的肌肉损伤。在训练中，教练应注重运动员肌肉协调性的培养，以提高其在落地时的缓冲能力和恢复速度。

通过系统化的训练，运动员可以提升落地时的力量吸收技术，从而提高对地面反作用力的适应能力。这种适应能力的增强，不仅能提升运动员的整体运动表现，还能在比赛中为运动员赢得更大的竞争优势。教练应根据运动员的个体特点，制订个性化的训练计划，以最大限度提高其力量吸收能力和运动表现。

（三）落地后的身体恢复

在跳跃项目的训练中，落地后的身体恢复是至关重要的环节。落地动作不仅考验运动员的技术，还对身体的冲击吸收和恢复能力提出了挑战。为了确保运动员能够在高强度的训练和比赛中保持良好的身体状态，必须重视落地后的恢复过程。有效的恢复策略可以帮助运动员迅速缓解身体的紧张状态，促进肌肉放松和恢复，从而提高整体训练效果。

落地后及时进行全身的肌肉放松是恢复过程中的首要任务。通过放松训练，运动员能够缓解因落地冲击而产生的肌肉紧张，促进血液循环，帮助肌肉更快地恢复到放松状态。这不仅有助于提高肌肉的柔韧性，还能有效防止肌肉僵硬，降低受伤的风险。特别是在腿部和核心肌群的放松上，运动员应通过专业的放松技术和设备，确保肌肉能够在短时间内恢复到最佳状态。

在进行肌肉放松的同时，适当的拉伸练习也是必不可少的。拉伸有助于保持肌肉的弹性和柔韧性，防止长时间的紧张导致的肌肉僵硬。尤其是针对腿部和核心肌群的拉伸，能有效提升运动员的身体协调性和灵活性，从而为下一次的训练或比赛做好充分准备。科学合理的拉伸计划不仅能提高运动表现，还能显著降低肌肉拉伤的风险。

补充水分和营养是落地后身体恢复的另一个关键环节。在高强度的跳跃训练后，运动员的身体需要迅速补充流失的水分和电解质，以维持正常的生理功能和能量水平。适当的营养补充，如碳水化合物和蛋白质的摄入，可以帮助修复受损的肌肉纤维，促进身体的全面恢复。确保营养的均衡摄入，对于运动员的长期训练效果和身体健康至关重要。

通过深呼吸和放松训练，运动员可以有效地调节心率，恢复心理状态。深呼吸有助于增加氧气的摄入，促进身体放松和恢复，减轻运动后的疲劳感。放松训练则可以帮助运动员缓解心理压力，提高专注力和心理韧性，为后续的训练和比赛奠定良好的心理基础。这种身心结合的恢复策略，能够显著提升运动员的综合表现。

实施恢复性训练，如低强度的有氧运动，是提升恢复效率的重要手段。低强度有氧运动可以促进全身的血液循环，加速乳酸的清除，从而减轻肌肉酸痛感，提高恢复速度。这种训练方式不仅能帮助运动员在短时间内恢复到身体最佳状态，还能提升其心肺功能和耐力，为下一阶段的训练提供更好的身体条件。通过科学的恢复性训练计划，运动员可以在保持高水平竞技状态的同时，最大限度地降低受伤风险。

四、跳跃项目的灵敏性训练

（一）灵敏性训练的基本原则

灵敏性训练在田径跳跃项目中扮演着至关重要的角色，其基本原则包括多个方面。

灵敏性训练应注重多样性，通过不同的训练方式提高运动员的反应速度和适应能力。这种多样性不仅体现在训练内容的丰富性上，还包括训练方法的创新性。通过设计多样化的训练情境，运动员能够在不同的环境中锻炼其应变能力，这对于比赛中突发情况的处理尤为重要。训练内容需结合实际比赛需求，模拟比赛环境以增强运动员的应变能力。通过模拟真实比赛场景，运动员可以在训练中感受比赛的节奏和压力，从而在实际比赛中表现得更加从容和自信。

灵敏性训练应包含基本的身体素质如力量、速度和柔韧性的培养，以促进综合能力的发展。通过这些基本素质的培养，运动员可以在灵敏性训练中获得更好的效果。此外，还应定期对灵敏性训练进行评估与反馈，以便根据运动员的进步情况调整训练计划。定期评估不仅可以帮助教练了解运动员的训练效果，还可以根据评估结果及时调整训练内容和强度，确保每位运动员都能在适合自己的节奏中提升。

灵敏性训练应注重心理素质的提升，帮助运动员在高强度训练中保持专注与自信。心理素质训练可以通过设定挑战性的训练任务来实现，帮助运动员在压力下保持冷静和专注。此外，心理素质的提升还可以通过与运动员的沟通和心理辅导来实现，帮助他们建立自信心和积极的比赛心态。通过全面的灵敏性训练，运动员不仅能够提升身体素质，还能在心理上作好充分准备，从而在比赛中发挥出最佳水平。

（二）灵敏性训练的具体方法

灵敏性训练的具体方法多种多样，每一种方法都针对运动员的不同能力进行专项提升。利用敏捷梯进行快速步伐训练是一种有效的手段，通过这种训练，运动员可以显著提升脚步的灵活性和反应速度。敏捷梯训练能够在短时间内刺激运动员的神经系统，提高他们在快速变化中的步伐控制能力，从而在比赛中更快地调整步伐，适应不同的比赛节奏。

多方向快速变向练习则是另一种提高运动员反应能力的重要方法。通过这一训练，运动员能够在短时间内适应多变的运动方向，提高在不同方向上的反应速度和灵活性。这种训练模拟了比赛中可能遇到的多变情况，迫使运动员迅速做出方向调整，从而在实战中占据优势。多方向快速变向练习不仅提升了运动员的身体协调性，还增强了他们在比赛中的应变能力。

短跑起步训练是模拟比赛起跑情境的重要手段，旨在提高运动员的起步速度和缩短反应时间。在跳跃项目中，快速的起步能够为运动员争取到宝贵的时间和空间优势。通过反复的起步训练，运动员可以形成肌肉记忆，确保在比赛中能够迅速起跑，缩短反应时间。这一训练方法不仅提高了运动员的起步能力，还增强了他们的心理素质，使其在比赛中更加自信和从容。

结合障碍物进行跳跃与躲避训练，能够有效提升运动员在复杂环境中的适应能力和灵活性。这一训练方法通过在运动路径中设置障碍物，迫使运动员在跳跃过程中进行躲避，提高他们的空间感知能力和身体协调性。障碍物训练不仅增强了运动员的跳跃能力，还提高了他们在复杂环境中的决策速度和准确性，使其在比赛中能够更好地应对突发情况。

快速传球与接球练习则是提升运动员手眼协调能力和反应灵敏度的有效方法。在跳跃项目中，运动员不仅需要具备出色的身体能力，还需要良好的手眼协调能力。通过快速传球与接球练习，运动员可以提高对球的控制能力和反应速度，确保在比赛中能够快速、准确地作出反应。这种训练方法不仅提高了运动员的技术水平，还增强了他们的团队协作能力，使其在比赛中能够更好地配合队友，取得优异成绩。

第二节 跳跃项目教学与训练步骤规划

一、跳跃项目教学的步骤设计

（一）技术动作分解

在跳跃项目的教学过程中，技术动作分解是关键的一环。通过对技术动作的细致分解，教练和运动员能够更加清晰地理解每一个动作的要领和目的。技术动作分解的首要目标是帮助运动员掌握动作的整体结构，并在此基础上进行细化和优化。这一过程不仅需要对每个动作进行详尽的分析，还需结合运动员的个体差异进行调整，以确保动作的准确性和有效性。通过这样的分解过程，运动员能够更好地理解技术动作的内涵，从而在实践中更有效地应用。

跳跃项目中的技术动作分解与理解是一个复杂而系统的过程。这个过程通常包括起跳、空中动作以及落地动作的分解与分析。每个阶段的动作都有其独特的技术要求和动作要点，运动员需要在不同的阶段中保持动作的连贯性和协调性。起跳阶段要求运动员能够迅速积聚力量并将其有效转化为向上的动能；空中阶段需要保持身体的平衡与姿态的优美；落地阶段则强调对冲击力的有效缓冲与控制。通过对这些动作的深入理解，运动员可以提高动作的稳定性与表现效果。

在技术动作的细节分析中，起跳、空中及落地动作的细节是决定运动员跳跃表现的关键因素。起跳动作要求运动员具备良好的爆发力和协调性，以确保在短时间内产生最大的垂直速度。空中动作需要运动员在保持身体平衡的同时，尽可能优化身体姿态以减小空气阻力。落地动作的细节分析则侧重于如何安全有效地将动能转化为稳定的着地姿态，避免受伤并为下一次起跳做好准备。通过细致的分析与练习，运动员可以在每个阶段中找到适合自己的技术要点。

每个技术动作的关键要素及其相互关系是跳跃项目成功的基础。在跳跃过程中，力量、速度、协调性和灵活性是相互交织的关键要素。起跳的力量与速度直接影响空中的高度与距离，空中的协调性与灵活性则决定了落地的稳定性与安全性。通过理解这些要素之间的关系，教练和运动员可以更好地调整训练计划，以提高整体表现。通过反复的实践和调整，运动员能够在技术动作中找到最佳的平衡点，从而提高跳跃项目的成绩。

（二）教学进度安排

在跳跃项目的教学与训练中，教学进度的合理安排至关重要。教学进度安排不仅影响运动员的学习效果，也直接关系到他们在比赛中的表现。制定明确的技术动作学习目标是安排教学进度的首要任务。通过设定具体的目标，运动员能够在训练中有针对性地提升各项技能水平，从而在实际应用中更好地发挥。明确的学习目标还能够激发运动员的内在动力，使他们在训练过程中保持积极性和专注力。

在教学进度安排中，分阶段进行训练内容是保证运动员逐步掌握必要技术动作的有效策略。初期阶段应侧重于基础技巧的掌握，为后续高级技能的学习打下坚实的基础。随着训练的深入，需要逐渐引入复杂的技术动作，使运动员在不断挑战中获得成长。这种循序渐进的方式不仅能够提高学习效率，还能有效降低运动员在训练中受伤的风险。

理论学习与实践训练的结合是跳跃项目教学中的重要环节。通过安排定期的课堂讲解与实地训练，运动员能够更全面地理解技术动作的原理和应用情境。理论学习能够帮助运动员在实践中更好地运用所学知识，实践训练则为理论学习提供了验证的机会。这种理论与实践相结合的教学方法，能够显著增强运动员对技术动作的理解和掌握，提高整体训练效果。

设置定期的技术动作评估和反馈，是确保教学进度安排合理性的重要措施。通过评估，教练可以及时了解运动员的学习进展和存在的问题，并根据评估结果调整教学内容和训练强度。反馈环节则为运动员提供了改进的方向，使他们能够在训练中不断优化自己的技术动作。这种及时的评估与反馈机制，能够有效提升运动员的学习效果，确保他们在每个阶段都能达成学习目标。

（三）练习形式选择

在跳跃项目教学与训练中，练习形式的选择是一个关键环节。为了提升运动员的技术水平和综合能力，需要选择合理的练习形式。跳跃项目的特点要求教练在设计练习时，需根据运动员的不同需求和技术特点，选择适合的练习形式。通过科学的练习设计，运动员不仅能提高技术动作的精确性，还能增强心理素质和应对能力。

分组训练形式在跳跃项目教学中具有显著的优势。通过小组合作，运动员可以在相互鼓励和竞争的氛围中提升技术动作的准确性和稳定性。在分组训练中，教练可以根据运动员的技术水平和特点进行合理分组，使每个小组的成员之间能够互相学习、互相帮助。这种训练形式不仅提高了运动员的个人技术水平，还加强了团队协作能力，使运动员在比赛中能够更好地配合队友。

个别指导训练是跳跃项目教学中不可或缺的一部分。每位运动员的技术特点各异，教练需要针对个体差异进行一对一的细致指导。在个别指导训练中，教练可以对运动员的动作细节进行深入分析，并提供具体的反馈和改进建议。这种训练形式能够帮助运动员快速纠正技术动作中的不足，提升个人技术水平。同时，个别指导也能增强运动员的自信心，使其在比赛中发挥出最佳水平。

模拟比赛训练是提高运动员应对能力和心理素质的有效方法。通过模拟真实比赛场景，运动员可以在接近实战的情境中进行训练，提前适应比赛的节奏和压力。模拟比赛不仅能帮助运动员熟悉比赛规则和流程，还能锻炼其在复杂环境下的心理承受能力。通过这种训练形式，运动员能够更好地调整自己的状态，在正式比赛中发挥出色。

交叉训练在跳跃项目教学中也具有重要的作用。通过结合其他运动项目的训练方法，运动员可以增强自身的综合素质。例如，通过结合力量训练、灵活性训练等方法，运动员可以提高自身的爆发力和协调性。这种多样化的训练形式能够帮助运动员全面提升身体素质，为跳跃项目的技术动作打下坚实的基础。

视频分析训练是现代跳跃项目教学中常用的技术手段。通过录像回放，运动员可以直观地看到自己的技术动作，并进行自我评估和改进。视频分析不仅能帮助运动员发现技术动作中的问题，还能为教练提供科学的分析依据，以便制订更有针对性的训练计划。这种训练形式提高了运动员的自我认知能力，使其在技术动作的改进过程中能够更加主动。

二、跳跃项目训练的阶段划分

（一）初级阶段训练

初级阶段训练至关重要，旨在为运动员奠定扎实的基础。在这一阶段，训练应注重对基本技能的掌握，确保运动员能够理解跳跃项目的基本技术要领。这不仅包括对技术动作的认知，还涉及对动作执行的正确性和稳定性的要求。在初级阶段，强调助跑和起跳的协调性训练是提升运动员起跳能力的关键。助跑与起跳的无缝衔接能够显著提高运动员的整体表现，因此需要在训练中反复练习，以形成肌肉记忆和动作习惯。

初级阶段的训练还应包括简单的空中动作训练。通过这些训练，运动员可以逐步建立对身体姿态的初步认知与控制。这种认知和控制能力是日后复杂空中动作的基础。空中姿态的训练不仅是技术层面的要求，还涉及运动员对自身动作的空间感知能力的培养，对于跳跃项目的成功实施至关重要。

在落地技术的基础训练中，身体重心的调整与安全落地技巧是两个核心要素。合理的重心调整能够帮助运动员在空中保持平衡，确保落地时的稳定性与安全性。通过科学的训练方法，运动员可以有效地降低受伤风险，延长运动生涯。安全落地技巧的掌握不仅能保护运动员的身体不受损害，还能提高他们在比赛中的心理安全感。

初级阶段的训练应设定明确的训练目标。这些目标不仅包括技术层面的，也包括心理层面的。通过逐步实现这些目标，运动员可以在训练中不断增强自信心，同时提升技术水平。明确的目标设定能帮助运动员在训练过程中保持动力，并在面对挑战时具备更强的毅力和决心。初级阶段的成功实施将为运动员未来的进阶训练打下坚实的基础。

（二）中级阶段训练

中级阶段训练在跳跃项目教学与训练中扮演着关键角色，主要目标是提升运动员的专项能力和技术水平。此阶段的训练需要在基础训练的基础上，进一步增强运动员的起跳力量。通过针对性的力量训练，提升运动员在起跳瞬间的爆发力和协调性是至关重要的。在训练过程中，教练应设计多样化的力量训练方案，以适应不同运动员的身体素质和技术特点。

在中级阶段，空中姿态的训练也是不可或缺的。运动员在空中姿态的保持与调整，直接影响到他们的跳跃成绩和安全性。通过实施针对性的空中姿态训练，运动员可以在飞行过程中保持最佳的身体姿态与平衡。教练可以利用视频分析等技术手段，帮助运动员纠正空中姿态中的不足。此外，模拟比赛中的空中动作也是提升运动员空中姿态的重要方法。运动员在训练中反复练习这些动作，可以有效地提高自身空中姿态的稳定性和协调性。

落地技术是跳跃项目中非常重要的一环，中级阶段的训练应着重于落地技术的强化。运动员在落地时需要控制重心，并有效吸收冲击力，以降低受伤风险和提高动作完成质量。教练可以通过设置不同的落地情境，帮助运动员在各种条件下练习重心控制与冲击力吸收能力。此类训练不仅能提高运动员的技术水平，还能增强他们在比赛中的自信心和安全感。

结合心理素质训练是中级阶段训练的另一个重要组成部分。运动员在比赛和训练中难免会遇到压力，良好的心理素质能够帮助他们更好地应对这些挑战。通过心理素质训练，运动员可以增强自信心，在高压环境下保持冷静与专注。教练可以采用心理辅导、冥想等方法，帮助运动员提高心理承受能力。同时，模拟比赛环境也是提升运动员心理素质的有效途径。

为了提高运动员的实战应变能力与团队协作精神，中级阶段的训练还应引入多样化的训练形式。例如，通过模拟比赛和小组合作训练让运动员在接近真实比赛的环境中锻炼应变能力。通过与队友的合作，运动员不仅能提高个人技术水平，还能培养团队协作精神，这在集体项目中尤为重要。多样化的训练形式可以激发运动员的兴趣，增加训练的趣味性和挑战性，从而提高训练效果。

（三）高级阶段训练

高级阶段训练在跳跃项目中扮演着至关重要的角色。此阶段的训练应注重技术动作的细致化，以确保运动员在高强度训练中实现动作的精准执行。技术动作的细致化要求教练和运动员对每一个细节进行深入分析和反复练习，力求达到完美的技术表现。通过视频分析和技术分解，运动员可以更好地理解和掌握动作要领，从而减少错误动作，提高训练效率和效果。

在高级阶段，提升运动员的综合身体素质是训练的核心任务之一。力量、速度和灵活性是支持复杂技术动作的关键要素。

心理素质训练在高级阶段同样不可或缺。此阶段的心理训练旨在帮助运动员在比赛中保持冷静和专注，提高应对压力的能力。心理训练的实施需要与技术训练紧密结合，以确保运动员在各种压力环境下都能保持最佳状态。

高强度间歇训练是高级阶段训练计划中的重要组成部分。通过高强度间歇训练，运动员可以有效地增强自身耐力与爆发力，为比赛提供更强的体能支持。此类训练通常包括短时间的高强度运动与短暂的休息交替进行，从而提高心肺功能和肌肉耐力。间歇训练的强度和频率需根据运动员的个人状况进行调整，以避免过度训练或产生伤病。

通过模拟高强度比赛环境，可以有效提升运动员的实战应变能力和战术执行力。模拟比赛训练不仅可以帮助运动员适应比赛的节奏和压力，还能通过实战经验积累，提升其战术意识和临场应变能力。通过这种方式，运动员可以在实际比赛中表现得更加自信和从容，确保在比赛中取得优异成绩。

三、跳跃项目训练的负荷安排

（一）负荷强度控制

负荷强度控制在跳跃项目训练中具有关键作用。制定个性化的负荷强度方案需要充分考虑运动员的身体素质和技术水平。这不仅能确保训练的有效性，还能保障运动员的安全。通过对运动员的详细评估，教练可以制订出适合每位运动员的训练计划，避免因负荷过大导致的运动损伤。在此过程中，个性化方案的设计应注重循序渐进，逐步增加负荷强度。这种做法能有效地降低运动员受伤的风险，同时也能帮助他们更好地适应训练负荷的变化。

在训练过程中，监测运动员的生理反应是调整负荷强度的重要依据。通过对心率、疲劳程度等生理指标的监测，教练可以及时获得运动员的身体状态信息，从而作出相应的调整。这种动态调整不仅能保证训练的最佳效果，还能最大限度地激发运动员的潜力。在训练负荷的安排上，应结合不同阶段的训练目标，合理规划负荷强度。这样可以确保运动员在各个训练阶段都能得到适当的挑战和发展，从而在技术和体能上实现全面提升。

交替负荷训练法是跳跃项目训练中常用的一种方法。通过高强度与低强度训练的交替进行，运动员的适应能力和整体表现都可以得到有效增强。这种训练方法有助于提高运动员的耐力和爆发力，同时也能在一定程度上防止过度训练带来的负面影响。交替负荷训练法的应用需要根据运动员的具体情况进行调整，以确保其在训练过程中始终处于最佳状态。通过科学的负荷强度控制，跳跃项目训练可以更高效地实现预期目标，推动运动员在竞技水平上不断进步。

（二）训练量的调整

在跳跃项目的训练中，训练量的调整是确保运动员在训练过程中能够持续进步的关键因素。根据运动员的训练适应性，定期评估并调整训练量是实现训练效果最大化的重要手段。通过科学的评估方法，教练可以了解运动员在不同训练阶段的适应情况，从而在训练中进行适时的调整。这种动态的训练量管理不仅能提高运动员的竞技水平，还能有效地降低受伤的风险。

在不同的训练阶段，合理配置训练量是确保运动员健康的基础。过度训练是运动员在训练过程中常见的问题，可能导致疲劳积累甚至受伤。因此，教练需要在训练计划中细致地安排训练量，以避免过度训练带来的负面影响。通过对训练阶段的科学划分，结合运动员的身体反馈，教练可以制定出符合运动员当前状态的训练量，确保训练的有效性和安全性。

结合运动员的个体差异，制定个性化的训练量方案是现代训练理念的重要体现。每位运动员的身体条件和技术水平各不相同，标准化的训练方案往往难以满足所有运动员的需求。通过对运动员进行详细的身体测评和技术分析，教练可以为每位运动员量身定制训练方案。这种个性化的训练量调整不仅能提高训练效果，还能增强运动员的自信心和训练积极性。

监测运动员的恢复状态是训练量调整的重要环节。高强度训练后，运动员的身体需要足够的恢复时间，以便在下一次训练中达到最佳状态。通过科学的恢复状态监测手段，教练可以及时了解运动员的恢复情况，进而调整训练量，确保运动员在高强度训练后能够获得充分的休息和恢复。这种方法不仅能提高训练效果，还能有效预防运动损伤。

（三）恢复时间安排

在跳跃项目的训练中，合理安排恢复时间是确保运动员能够保持高水平竞技状态的关键。恢复时间的设定需要根据运动员的生理状态和训练强度进行精确规划。通过设定训练后恢复的时间窗口，可以有效避免疲劳积累，从而提升训练效果。运动员在训练过程中所承受的负荷会对其身体产生显著影响，只有在身体充分恢复后，才能再次进行高强度的训练。因此，科学的恢复时间安排不仅是训练计划中不可或缺的一部分，也是保障运动员健康和提高其竞技水平的基石。

在高强度训练后，安排至少48小时的恢复期是普遍认可的做法。这一恢复期为运动员的肌肉和关节修复提供了必要的时间，避免过度使用导致的损伤。肌肉在高强度训练后会产生微小的损伤，适当的恢复时间可以让这些损伤得到修复，从而增强肌肉的强度和耐力。此外，关节在承受重复的跳跃动作后，亦需要时间恢复其功能和灵活性。因此，合理的恢复时间安排是确保运动员在训练和比赛中恢复正常状态的重要策略。

利用主动恢复技术是提升恢复效率的有效方法之一。低强度的有氧运动，如慢跑或游泳等，可以促进血液循环，加速体内乳酸的清除。这些技术不仅有助于运动员更快地恢复体能，还能在一定程度上提高其心肺功能和耐力。通过主动恢复，运动员可以在不增加身体负担的情况下，保持一定的运动量，从而避免完全静止导致的身体僵硬和状态下降。这一方法在现代训练中得到了广泛应用，成为恢复时间安排中的重要组成部分。

根据训练计划的不同阶段，恢复时间的安排需要灵活调整。运动员的个体差异和训练负荷的变化要求教练在制订恢复计划时，充分考虑每位运动员的具体情况。不同阶段的训练目标和强度不同，恢复时间的安排也需随之变化。对于处于高强度训练阶段的运动员，可能需要更长的恢复时间；在低强度训练阶段，恢复时间则可以相对缩短。这种灵活的调整有助于提高训练的效率和效果。

四、跳跃项目教学与训练的反馈机制

（一）及时反馈方法

在跳跃项目的教学与训练中，及时反馈方法是提升运动员技术水平的关键环节。采用即时视频回放技术，可以让运动员在训练后立即观看自己的技术动作。这种视觉反馈有助于运动员识别并纠正错误，从而在下一次尝试中进行改进。

教练的口头反馈同样在训练过程中扮演着不可或缺的角色。通过在训练过程中及时指出运动员的技术细节和动作要领，教练能够帮助运动员及时改进。口头反馈不仅可以提供具体的技术指导，还能在心理上给予运动员支持，使他们在训练中保持积极的态度和动力。

定期的技术评估是反馈机制中的重要组成部分。通过标准化测试和观察记录，教练能够向运动员提供具体的表现反馈。这种评估不仅有助于运动员了解自己的进步与不足，还能为后续的训练计划提供数据支持。通过量化的评估结果，运动员可以更清晰地了解自己的技术水平及其变化趋势。

鼓励运动员进行自我反思也是反馈机制中的一个重要环节。设置自我评估表，帮助运动员记录并分析自己的训练表现，可以增强他们的自我意识。自我评估不仅有助于运动员发现自身的问题，还能培养他们的独立思考能力和责任感，使他们在训练中更加主动。

结合团队讨论和反馈会议，运动员可以分享彼此的训练经验和体会。这种集体反馈机制不仅促进了运动员之间的相互学习和技术提升，还增强了团队的凝聚力。在讨论中，运动员可以从不同的角度获取新的见解，从而在技术上实现更全面的进步。通过这种方式，团队中的每一位成员都能在共同成长中受益。

（二）反馈内容分析

在跳跃项目的教学与训练中，反馈机制的有效性对于运动员的进步至关重要。反馈内容分析是这一机制中的核心环节，通过全面而细致的反馈，可以帮助运动员识别技术动作的准确性与流畅性。技术动作的反馈不仅仅是对完成情况的评估，更有助于运动员发现自身在技术执行中的不足。通过精确的反馈，运动员可以更清晰地了解自身动作的优劣，从而在后续的训练中进行有针对性的调整和改进。

在分析反馈内容时，心理状态的反馈同样不可忽视。运动员的自信心和专注力是影响其训练效果的重要心理因素。通过对运动员心理状态的反馈分析，教练能够更好地了解其在训练中的心理变化。这种关注不仅有助于提升运动员的心理素质，也能够通过适当的心理引导，提高其在比赛中的表现。心理反馈的精准分析为后续的心理训练提供了重要依据，使得运动员在心理层面能够与技术训练相辅相成。

体能状况的反馈是跳跃项目训练中不可或缺的一部分。体能是运动员完成所有技术动作的基础，通过对体能状况的评估，教练可以及时调整训练的强度与内容。这种反馈机制确保了运动员的身体适应性，能避免过度训练导致的疲劳或伤病。同时，体能反馈也为运动员在训练中保持最佳状态提供了保障，使其能够在训练中充分发挥潜能。

结合视频分析结果的反馈是现代跳跃项目训练中的重要手段。通过视频回放，运动员可以直观地看到自己的技术动作，这为反馈提供了更具说服力的依据。教练通过视频分析，提出具体的技术动作改进建议，使运动员能够在实际训练中进行针对性调整。这种结合视频的反馈方式，不仅提高了反馈的准确性，也增强了运动员对反馈内容的理解和接受度。

鼓励运动员在反馈中分享个人感受与体验，是促进其自主学习的重要方式。通过分享，运动员能够更深入地理解训练内容，并在此基础上进行自我反思和调整。这种互动式的反馈机制，不仅增强了运动员的参与感，也激发了他们的学习主动性。通过不断的反馈与调整，运动员能够在跳跃项目的训练中实现全面提升。

第三节　跳跃项目力量与弹跳力训练方案设计

一、跳跃项目力量训练的基本原则与方法

（一）力量训练的基本原则

力量训练的基本原则在田径跳跃项目中至关重要，其不仅影响着运动员的肌肉适应性和增长，还直接关系到训练的安全性和效果。

力量训练应遵循渐进性原则，逐步增加训练负荷，以促进肌肉的适应与增长，避免过度训练导致的损伤。在实践中，这意味着教练需要根据运动员的当前能力和进步速度，合理地调整训练强度和负荷。通过科学的负荷安排，运动员的肌肉力量可以得到有效提升，同时降低产生肌肉疲劳和损伤的风险。

训练内容应注重多样性，结合不同的训练方法和器械，以全面提升运动员的力量素质，避免单一训练导致的适应性停滞。多样化的训练不仅能提高运动员的兴趣和参与度，还能激活不同的肌肉群和运动模式，促进全面的身体发展。例如，在力量训练中，可以结合自由重量训练、器械训练和自重训练等多种形式，以刺激不同的肌纤维类型，提高整体力量水平。此外，多样化的训练还可以通过不同的训练刺激，帮助运动员克服训练瓶颈，持续进步。

力量训练应结合运动员的个体差异，制订个性化的训练计划，以满足不同运动员的身体条件和技术需求，确保训练的有效性。每位运动员在身体素质、技术水平和适应能力上都有所不同，因此个性化的训练计划是必要的。教练需要对运动员进行全面评估，包括力量、灵活性、耐力等方面，以制定适合其发

展的训练方案。个性化的训练不仅能提高训练的针对性和效率，还能增强运动员的自信心和训练积极性，使其在训练中获得更好的效果。

（二）力量训练的基本方法

力量训练在跳跃项目中扮演着至关重要的角色，其基本方法多样且需要科学合理的设计。力量训练不是单一肌肉的强化，更强调肌肉群的协调性和整体力量的输出。通过结合复合运动，如深蹲和硬拉等多关节动作，可以有效增强全身肌肉的协调性和力量输出。这些动作不仅能提高肌肉的力量，还能促进神经系统的适应性，使运动员在实际比赛中能够更好地发挥自身实力。

在力量训练中，爆发力训练方法也是不可或缺的一部分。垂直跳和跳箱训练是提升运动员爆发力和反应速度的有效手段。通过这些训练，运动员能够在起跳瞬间获得更大的力量输出，从而提高跳跃的高度和距离。此外，爆发力训练还能提高运动员的反应速度，使他们能够在比赛中迅速调整动作，提高竞争力。

针对性力量训练是提高跳跃能力的关键。尤其是下肢肌肉群的强化，对于提升运动员的跳跃能力和落地稳定性都至关重要。通过专门的训练计划，着重加强大腿、臀部和小腿等部位的肌肉，可以有效地提高运动员的起跳能力和对空中姿态的控制能力。这种针对性的训练不仅提高了运动表现，还能有效地预防运动损伤。

功能性训练器械的结合，如弹力带和药球等，能够为力量训练增添动态元素。这些器械可以帮助运动员进行动态力量训练，增强身体的适应能力和运动表现。通过不同器械的组合使用，运动员可以在训练中模拟比赛中的实际动作，提高训练的针对性和有效性。这种训练方法不仅提高了运动员的力量，还增强了他们的灵活性和协调性，为跳跃项目的成功奠定了基础。

二、跳跃项目弹跳力训练的关键技术与实施步骤

（一）弹跳力训练的关键技术

在跳跃项目中，弹跳力训练的关键技术是提升运动员的下肢肌肉力量，特别是股四头肌、腘绳肌和小腿肌肉。这些肌肉群在起跳时提供主要的爆发力，决定了运动员的表现。通过有针对性的力量训练，可以显著提高这些肌肉的力

量储备和反应速度。例如，深蹲跳和单腿跳等训练方法能够有效增强下肢肌肉的快速收缩能力。这种快速收缩能力是实现高效起跳的基础，能够在瞬间释放出强大的爆发力。

弹跳力训练不仅仅是力量的提升，还需要注重运动员的快速反应能力和爆发力的培养。在训练中，快速的肌肉收缩训练是关键。通过深蹲跳、单腿跳等练习，运动员可以在短时间内提升肌肉的反应速度和爆发能力。这种训练方法强调在起跳瞬间实现力量的最大化输出，从而提高运动员的跳跃高度和速度。快速反应能力的提升不仅有助于应对跳跃项目，还能在其他田径项目中发挥积极作用。

结合弹跳训练与核心力量训练是提高整体身体控制能力的重要手段。核心力量训练主要集中在腹部和背部肌肉的稳定性，对于跳跃时的平衡与协调至关重要。通过增强核心肌肉的力量，运动员能够在空中保持更好的姿态，从而提高跳跃的效率和安全性。核心力量的提升还可以降低产生运动损伤的风险，使运动员在高强度训练和比赛中保持良好的竞技状态。

针对性的弹跳训练，如跳箱训练和垂直跳等，是提高运动员跳跃高度和空中控制能力的有效方法。这些训练不仅可以增强下肢肌肉的力量，还能提高运动员的协调性和灵活性。在跳箱训练中，运动员需要在短时间内完成高强度的起跳和落地动作，对肌肉的爆发力和反应速度均提出了很高的要求。通过这样的训练，运动员可以在比赛中表现出更强的跳跃能力和更好的空中控制能力。

（二）弹跳力训练的实施步骤

在跳跃项目中，弹跳力训练的实施步骤是提升运动员表现的关键。

为了确保训练的针对性和有效性，首先需要制订个性化的弹跳力训练计划。这一计划应基于运动员的基础能力和目标，因人而异地进行设计。通过对运动员身体素质、技术水平和比赛目标的综合评估，教练可以在训练中合理安排训练量和强度，使其更符合运动员的发展需求。个性化的训练计划能够最大限度地激发运动员的潜力，同时也可以预防训练不当导致的运动损伤。

在制订个性化训练计划后，训练的实施需要分阶段进行。初期阶段应以基础力量训练为主，目的是为后续的弹跳训练奠定坚实的体能基础。基础力量训练包括深蹲、硬拉等动作，旨在增强下肢肌肉的力量和耐力。随着运动员力量水平的提高，可以逐步引入更具挑战性的弹跳训练，如垂直跳、连续跳等。这一阶段的训练重点是提高运动员的力量与爆发力，增强其在比赛中的竞争力。

为了提高训练的趣味性和运动员的参与度，弹跳力训练中应结合多样化的训练方法。例如，使用弹力带、跳箱和深蹲跳等多种训练工具，可以有效地刺激运动员的肌肉群，提升其协调性和灵活性。通过多样化的训练方式，不仅能够保持运动员的训练兴趣，还可以全面提升其身体素质。训练的多样性也有助于运动员在不同的运动情境中灵活应对，提升其综合竞技能力。

为了确保训练的效果，定期进行训练效果评估是必不可少的。通过测试运动员的跳跃高度和爆发力，可以客观地评估训练的效果，并根据评估结果及时调整训练内容和强度。这种动态调整使得训练计划始终保持在最优状态，确保运动员在每个训练周期内都能有所进步。通过科学的评估和调整，运动员能够在不断挑战自我的过程中，逐步达到更高的竞技水平。

三、跳跃项目力量与弹跳力训练的个体化设计

（一）个体化训练方案的设计

个体化训练方案的设计在田径训练中具有重要意义。每位运动员在身体素质、技术水平以及心理状态上都有其独特性，因此制定个体化的训练方案是提升运动员表现的关键。通过对运动员进行全面的评估，教练可以了解其在力量、速度、耐力等方面的具体情况。基于这些评估结果，教练能够设定合理的力量与弹跳力训练目标。这些目标不仅要考虑到运动员当前的能力水平，还要具备一定的挑战性，以促进其持续进步。

评估运动员的身体素质与技术水平是制定个体化训练方案的基础。教练需要使用科学的方法和工具，对运动员的肌肉力量、柔韧性、平衡能力等进行详细测量。这些数据能够帮助教练识别运动员的优势与不足，从而在训练中有针对性地进行改善。此外，技术水平的评估同样重要，通过录像分析、技术分解等手段，教练可以找出运动员在技术动作中的不足，进而在训练中进行有针对性的纠正和提高。

结合运动员的运动历史与受伤情况，设计专门的恢复与预防受伤的训练内容是个体化训练方案的重要组成部分。运动员的过往伤病史会影响其当前的训练状态和未来的运动表现，因此教练需要在训练方案中加入恢复性训练和预防性训练，以降低受伤风险。恢复性训练包括柔韧性练习、低强度有氧运动等，旨在促进肌肉恢复和防止过度训练。预防性训练则包括核心力量训练、平衡训

练等，旨在增强运动员的身体稳定性和协调性，降低受伤的可能性。

根据运动员的训练反应与进步情况，灵活调整训练强度与频率，以确保最佳的训练效果。这一过程需要教练密切关注运动员在训练中的表现和反馈，及时识别其在训练强度和频率上的适应情况。通过定期的评估和反馈机制，教练可以根据运动员的实际进展，调整训练计划中的负荷量和训练密度，确保运动员能够在最佳状态下进行训练，避免过度训练导致的疲劳和伤病。

运用多样化的训练方式与器械，增加训练的趣味性和参与度，提升运动员的训练积极性。训练的多样性不仅可以避免运动员因重复单一动作而产生的厌倦感，还能通过不同的训练方式刺激不同的肌肉群，全面提高运动员的身体素质。使用不同的训练器材，如弹力带、药球、跳箱等，可以帮助运动员在不同的训练情境中提高力量和弹跳能力。同时，趣味性的训练设计也能够增强运动员的参与感和成就感，使其在训练中保持高昂的积极性和动力。

（二）个体化训练方案的实施

个体化训练方案的实施在现代田径训练中扮演着至关重要的角色。针对每位运动员的身体素质、技术水平和心理状态，教练能够设计出最适合他们的训练计划。这样的个体化设计不仅能帮助运动员在比赛中取得更好的成绩，还能有效降低其受伤风险。在实施过程中，教练需仔细观察运动员的表现，并根据实时反馈进行调整。这种灵活的训练方式要求教练具备高超的专业技能和丰富的实践经验，以便在不同的训练阶段提供适当的挑战和发展机会。

在个体化训练方案的实施中，教练需要根据运动员的训练进度和反馈，灵活调整训练方案。训练计划并不是一成不变的，运动员在训练中的表现和反馈是调整训练内容的重要依据。通过定期评估运动员的训练效果，教练可以识别出训练中存在的问题，并及时进行调整。这种动态的调整方式确保了运动员在各个阶段都能获得适当的挑战与发展，从而最大限度地提升其竞技水平。

定期与运动员进行沟通是个体化训练方案成功实施的关键。通过与运动员交流，教练能够深入了解他们在训练中的感受和需求。这种沟通不仅有助于调整训练内容，还能提高运动员的参与感和积极性。运动员的反馈是训练方案优化的重要依据，教练可以根据这些反馈不断完善训练计划，以确保运动员在训练中保持高水平的投入和动力。

结合运动员的心理状态，设计相应的心理辅导计划，是提升训练效果的重要环节。在高强度的训练中，运动员常常面临巨大的心理压力和挑战。通过科学的心理辅导，教练可以帮助运动员保持自信与专注，从而在训练中发挥最佳水平。心理辅导计划应根据运动员的个性和需求量身定制，以确保其在心理上得到充分的支持和引导。

利用数据分析工具，跟踪运动员的训练表现，是实现科学化训练管理的有效手段。通过收集和分析训练数据，教练可以制定基于数据的个性化训练目标。这种数据驱动的训练方法不仅提高了训练的科学性，还能帮助教练更准确地评估运动员的进步和不足。数据分析工具的应用使得训练管理更加精准，为运动员的可持续发展提供了坚实的保障。

四、跳跃项目力量与弹跳力训练的安全性考虑

（一）训练安全性的影响因素

在跳跃项目的训练中，安全性是不可忽视的关键因素。训练安全性的考虑不仅涉及运动员的健康和表现，也关乎整个训练计划的有效性和可持续性。

确保训练场地的安全性是训练安全性的基础。定期检查和维护训练器材及设施是必要措施，以避免设备故障引发的意外伤害。训练场地的选择应考虑到地面的平整度和防滑性，这对于跳跃项目尤为重要，因为不平整的地面可能导致脚踝扭伤或其他意外伤害。

制订适合运动员的训练计划是确保安全性的另一个重要方面。训练计划应根据运动员的个人能力和身体状况量身定制，逐步增加训练强度，避免过度训练导致的身体损伤。过度训练不仅会对肌肉和关节造成损伤，还可能导致运动员心理上产生疲惫和倦怠，从而影响训练效果和运动表现。科学合理的训练计划应包括休息和恢复的时间安排，以确保运动员的身体能够得到充分恢复。

强调正确的技术动作和姿势在训练中同样重要。提供详细的指导和示范可以有效减少因技术不当造成的受伤风险。跳跃项目的技术动作复杂且对身体姿势要求较高，错误的动作不仅会降低训练效果，还可能导致严重的身体伤害。因此，教练员应在训练中对运动员进行细致的技术指导，并通过视频分析等手段帮助运动员纠正动作。

在训练前进行充分的热身和拉伸是降低受伤概率的重要措施。热身活动可以提高肌肉的温度和柔韧性，增加关节的活动范围，为即将进行的高强度训练作好准备。拉伸则可以有效放松肌肉，降低肌肉拉伤的风险。通过这些准备活

动，运动员能够以最佳状态参与训练，降低肌肉和关节僵硬导致的受伤可能性。

（二）训练安全性的保障措施

在跳跃项目的训练中，安全性是不可忽视的重要环节。训练安全性的实施不仅仅是对运动员身体健康的保障，更是提高训练效果的关键步骤。

训练前的健康评估至关重要。通过全面的健康评估，可以了解运动员的身体状况，确保其能够承受高强度的训练负荷。这一评估过程包括对运动员既往病史的了解、当前身体状态的测试及心理状态的评估。只有在确认运动员适合参与训练后，才能有效地降低训练中受伤的风险。

制订详细的训练计划是确保训练安全性的另一项重要措施。训练计划应明确每个训练环节的安全注意事项，确保运动员在训练中能够遵循安全规范。例如，在力量训练中，应根据运动员个体差异合理安排训练强度和负荷，避免过度训练导致的肌肉损伤。同时，训练计划还应包括对训练场地和器材的检查，确保其符合安全标准，避免因场地或器材问题导致的意外伤害。

在训练过程中，教练的角色尤为重要。教练应密切观察运动员的技术动作，及时纠正不当姿势，以防止技术错误导致的伤害。比如，在进行跳跃训练时，教练需关注运动员的起跳、腾空及落地动作是否规范，及时进行技术指导和纠正。此外，教练还应根据运动员的表现，合理调整训练强度和内容，确保训练在安全的前提下进行。

提供适当的恢复与放松时间是确保训练安全性的关键。高强度训练后，运动员的身体需要足够的时间进行恢复，以防止疲劳积累和相关伤害。恢复措施包括拉伸放松、按摩理疗及合理的营养补充等。通过科学的恢复手段，运动员不仅能更好地适应训练负荷，还能提高整体训练效果，降低疲劳导致的伤病风险。

第五章　投掷项目教学与训练实践

第一节　投掷项目技术要素与动作规范

一、持器与发力技巧分析

（一）持器姿势

持器姿势在投掷项目中具有重要作用，不仅影响着运动员的投掷效果，还直接关系到其动作的科学性与安全性。持器的基本握法与手指位置是确保运动员能够稳定控制投掷器材的基础。通常情况下，握持投掷器材时，手指应均匀分布于器材上，以形成一个稳定的支撑面。手指的发力程度与位置选择需根据器材的形状与重量进行调整，从而实现最佳的握持效果。在持器过程中，手腕的角度与稳定性同样不可忽视。手腕应保持自然弯曲，以避免过度紧张导致的动作僵硬。稳定的手腕有助于在发力瞬间将力量有效传递至器材，提高投掷的精准度和距离。

持器时前臂的姿势与发力方向直接影响投掷的效果。前臂应与地面保持一定的夹角，以便在发力时能够充分利用身体的爆发力。发力方向应与投掷方向一致，避免侧向力影响投掷的稳定性。持器对身体重心的影响与调整是投掷技术中关键的部分。持器时，运动员的身体重心应保持稳定，并根据器材的重量与姿势进行适当调整，以确保身体在投掷过程中保持平衡。通过合理调整重心，运动员能够更好地控制身体的姿态，确保投掷动作的连贯性与协调性。

持器过程中肩部与上半身的协调性是提高投掷技术水平的关键。肩部作为连接上肢与躯干的重要部位，其稳定性与灵活性直接影响投掷的效果。在持器时，肩部应保持放松但不失稳固，以便在发力时能够迅速而有力地带动上肢运动。上半身的协调性则要求运动员在投掷过程中能够有效地利用躯干的旋转与力量传递，将全身的动能集中于投掷器材上。通过肩部与上半身的协调配合，运动员能够实现动作的最大化输出，提高投掷的距离与准确性。

（二）发力顺序

在投掷项目中，发力顺序是决定运动员投掷效果的关键因素之一。通过科学合理的发力顺序，运动员可以最大化地发挥身体的潜能，提高投掷的距离和稳定性。发力顺序的重要性在于其不仅影响投掷的最终效果，同时也决定了运动员在动作中的协调性和连贯性。合理的发力顺序能够使运动员在投掷过程中保持动作的流畅性，从而减少能量损耗，提升投掷的效率。

下肢发力的起始阶段在投掷过程中起着至关重要的作用。运动员在准备发力时，首先通过下肢与地面的接触产生初始的推动力。这个阶段的发力不仅为后续动作提供了基础的动能，还决定了整个投掷动作的起始速度和方向。通过下肢的爆发力，运动员能够在短时间内将身体的重心向前移动，为接下来的核心肌群发力作好准备。在这一过程中，脚部与地面的接触点、力量的传递路径等细节都直接影响着投掷的效果。

核心肌群在发力过程中扮演着连接上下肢的关键角色，其作用与协调性直接影响投掷动作的完整性。核心肌群的力量传递和协调能够有效地将下肢产生的动能传递到上肢，确保整个发力过程的顺畅。良好的核心肌群力量不仅能够提高运动员的身体稳定性，还能在发力过程中提供额外的能量支持，使投掷动作更加有力。核心肌群的协调性则有助于运动员在高速运动中保持身体的平衡，避免不协调导致的动作变形。

上肢发力的时机与配合是确保投掷动作连贯性的最后一步。上肢的发力不仅是整个投掷动作的终点，更是力量输出的关键环节。在投掷过程中，上肢的发力需要与下肢和核心肌群的动作紧密配合，确保力量的有效传递和转化。通过合理的时机掌握和动作配合，上肢能够在最有利的时刻发力，最大化地利用之前积累的动能，提高投掷的距离和精度。

（三）力量传递

力量传递在投掷项目中扮演着至关重要的角色，是实现投掷距离最大化的关键因素。力量传递的基本原理涉及从身体的一个部位到另一个部位的能量转移，这种转移需要在瞬间完成，以确保投掷动作的流畅性和效率。在投掷过程中，力量传递的有效性直接影响到运动员的表现和成绩。因此，深入理解力量传递的基本原理，并在训练中加以应用，是提高运动员竞技水平的重要途径。

在不同的投掷项目中，力量传递的特点和差异显著。例如，铅球和标枪的投掷动作虽然都涉及力量传递，但由于器械重量和形状不同，其力量传递的方式和路径也有所区别。铅球投掷注重爆发力的瞬间释放，标枪投掷则更强调整体动作的协调性和流畅性。了解这些差异有助于教练在训练中制订更有针对性的训练计划，以提高运动员在各自项目中的表现。

在力量传递过程中，身体各部位的协同作用是实现高效投掷的基础。无论是肩部、腰部还是下肢的发力，只有在各个部位高度协调的情况下，才能实现力量的有效传递。在训练中，教练需要指导运动员通过反复练习，掌握身体各部位的协调发力技巧，以提高投掷的稳定性和准确性。这不仅能帮助运动员在比赛中取得更好的成绩，还能有效预防运动损伤。

通过科学的训练方法，可以显著提高力量传递的效率与效果。力量训练、技术训练和灵活性训练相结合，有助于增强运动员的肌肉力量和协调能力。尤其是在力量传递的训练中，教练应注重动作的规范性和力量的连续性，避免力量在传递过程中的损失。通过长期的系统训练，运动员能够在比赛中更好地发挥自身的潜力，实现投掷距离的最大化。

力量传递与投掷器械特性之间的关系也是训练中不可忽视的因素。不同的投掷器械具有不同的物理特性，如重量、长度和形状等，这些特性直接影响到力量传递的方式和效果。在训练中，教练应根据运动员所使用器械的特性，调整力量传递的训练方法，以确保运动员能够在比赛中充分发挥潜力。通过对力量传递与器械特性关系的深入研究，可以为运动员提供更有针对性的训练指导。

二、助跑与旋转技术的运用

（一）助跑节奏

助跑节奏在投掷项目中扮演着至关重要的角色。助跑节奏不仅影响运动员的起始速度，还直接关系到投掷过程中的技术发挥。良好的助跑节奏能够帮助运动员在起步时积累足够的动能，从而在投掷瞬间将其转化为有效的投掷力量。助跑节奏的掌握需要运动员在训练中不断地进行调整和优化，以确保在比赛中能够达到最佳的运动表现。

助跑节奏对投掷项目整体表现的重要性不可忽视。稳定且合适的助跑节奏可以帮助运动员在投掷过程中保持身体的平衡和协调，从而提高投掷的准确性和距离。通过合理的助跑节奏，运动员可以在投掷过程中更好地控制身体姿态，减少能量损耗，进而提高整体表现。因此，助跑节奏的训练是投掷项目中不可或缺的一部分。

助跑节奏的调整与投掷距离之间存在密切的关系。通过对助跑节奏的细微调整，运动员可以影响投掷的出手速度和角度，从而直接影响投掷的距离。在训练中，教练需要根据运动员的个人特点，制订针对性的助跑节奏训练计划，以帮助运动员在不同的比赛条件下调整助跑节奏，达到最佳的投掷效果。

在不同投掷项目中，助跑节奏的特点与要求各不相同。以标枪和铁饼为例，标枪要求较长的助跑距离和渐进加速的节奏，铁饼则更注重旋转中的节奏控制。在训练中，教练需要根据不同项目的特点，设计相应的助跑节奏训练方案，以确保运动员能够在比赛中发挥出最佳水平。

通过训练提升助跑节奏的稳定性与一致性是运动员取得优异成绩的关键。在训练过程中，教练可以采用多种方法，如节奏跑、速度变化训练等，来提高运动员的节奏感和稳定性。通过长期的训练，运动员可以逐渐形成稳定的助跑节奏，从而在比赛中保持良好的表现。

（二）旋转重心

旋转重心在投掷项目中扮演着至关重要的角色。其是指运动员在旋转过程中身体重心的动态变化，是影响投掷技术质量的关键因素之一。在投掷项目中，旋转重心的稳定性和精准性直接关系到投掷器械的运动轨迹和最终的投掷效果。

旋转重心的变化对投掷器械轨迹影响显著。在投掷过程中，旋转重心的移动会直接影响器械的飞行路径。如果重心偏移过大，可能导致投掷器械偏离预定轨道，影响投掷的距离和精准度。因此，运动员需要通过训练熟练掌握如何在旋转过程中保持重心稳定，确保器械能够按照理想的轨迹飞行，进而提高投掷成绩。

通过调整旋转重心来提高投掷的稳定性与精准度是投掷技术训练的一个重要方面。运动员可以通过调整身体姿态、步伐和旋转速度来改变重心的位置和运动路径，以此来优化投掷过程中的稳定性和精准度。合理的重心调整可以帮助运动员在投掷时保持良好的平衡和控制力，从而提高投掷的效果和效率。

旋转重心与身体各部位协调运动的关系密切。在投掷过程中，运动员需要通过身体各部位的协调运动来维持旋转重心的稳定。肩部、髋部和腿部的协调运动是实现这一目标的关键。通过协调这些部位，运动员可以更好地控制重心的移动路径，确保投掷器械的轨迹符合预期，从而实现更好的投掷效果。

在训练中，有效地掌握和应用旋转重心的技巧是提高投掷技术的关键。运动员可以通过专项训练来提高对旋转重心的控制能力。例如，通过重复性的技术动作练习，运动员可以逐步提高对重心变化的感知和控制能力。此外，运用现代技术手段，如视频分析和生物力学测量等，也能够帮助运动员更直观地了解和掌握旋转重心的控制技巧，从而在比赛中取得更好的成绩。

三、投掷角度与轨迹控制

（一）最佳角度

在投掷项目中，最佳角度的选择是影响成绩的重要因素。投掷角度直接关系到投掷物体的飞行轨迹和最终落地点。最佳角度通常是指在特定条件下，可以使投掷物体达到最大水平距离的角度。最佳角度的选择不仅依赖于物理学中的理论计算，还需要结合运动员的身体条件和技术水平来进行调整。通过对最佳角度的深入研究，可以帮助运动员更好地理解投掷技术的核心，从而在实际比赛中获得更优异的成绩。

最佳投掷角度通常被定义为能够使投掷物体在空中飞行距离最长的角度。理论上，许多投掷项目的最佳角度接近 45°，但在实际操作中，由于空气阻力、投掷物体的形状和运动员的出手速度等因素，最佳角度可能会有所偏差。最佳投掷角度的选择直接影响到投掷距离，因为角度过大或过小都会导致投掷物体飞行轨迹的变化，进而影响最终的成绩。因此，正确理解和掌握最佳角度对提高投掷项目的训练效果至关重要。

不同投掷项目由于器材形状、重量以及投掷方式的不同，其最佳角度也有所差异。例如，在标枪投掷中，由于标枪的形状和空气动力学特性，最佳角度通常小于 45°。而在铅球投掷中，由于铅球的重量和出手速度，最佳角度可能接近或略大于 45°。不同项目最佳角度的差异主要源于空气阻力、投掷物体的重心位置以及运动员的技术动作等多种因素的综合影响。因此，在训练中，教练员需要根据具体项目的特点，指导运动员进行针对性的角度调整和技术训练。

优化投掷角度的掌握与应用需要通过系统的技术训练来实现。第一，运动员需要通过视频分析和数据测量等手段，了解自身投掷动作的角度特征，并与理论最佳角度进行比较。第二，教练员可以设计专门的训练计划，帮助运动员在不同角度下进行投掷练习，逐步找到最适合自己的角度。第三，结合力量训练和灵活性训练，可以提高运动员的出手速度和控制能力，从而更好地掌握和达成最佳角度。通过科学的训练方法，运动员能够在比赛中有效地达成最佳角度，提高投掷项目的整体成绩。

投掷角度、空气阻力和重力作用之间的关系复杂且相互影响。在投掷过程中，空气阻力会影响投掷物体的飞行轨迹，尤其是在高速出手的情况下，空气阻力的影响更加显著。投掷角度的变化会改变物体的迎风面积，从而影响空气阻力的大小。同时，重力作用始终影响着投掷物体的垂直运动，使其在飞行过程中逐渐下落。通过对空气阻力和重力作用的关系分析，有助于运动员更好地理解投掷角度的选择和调整，为提高投掷项目的成绩提供理论支持。在训练中，运动员需要通过不断的实践和调整，找到最适合自己的投掷角度，以最大限度地降低空气阻力带来的负面影响，充分利用重力作用，实现最佳的投掷效果。

（二）轨迹调整

在田径投掷项目中，轨迹调整是影响投掷成绩的重要因素。轨迹不仅决定了投掷器械的飞行路径，还直接关系到投掷距离和稳定性。投掷运动员需要具备对轨迹进行有效调整的能力，以应对不同的比赛环境和技术要求。轨迹调整涉及复杂的力学原理，包括投掷角度、速度和旋转等因素的综合运用。通过科学的训练和技术指导，运动员可以提高对轨迹的控制能力，从而在比赛中取得更优异的成绩。

轨迹调整的基本原则在于保持投掷器械的稳定性和最大化其飞行距离。第一，运动员需要理解投掷器械在空中的运动规律，以便更好地控制其轨迹。通过合理的发力和身体姿态调整，运动员可以有效地控制投掷器械的初速度和角度。第二，轨迹调整还要求运动员具备良好的空间感知能力，能够在投掷过程中迅速调整动作以适应环境变化。通过反复的实践和经验积累，运动员可以逐渐掌握轨迹调整的技巧，并在比赛中灵活运用。

通过改变发力时机来影响投掷轨迹是一项关键技术。发力时机的选择直接影响投掷器械的初速度和方向，因此运动员需要根据具体情况灵活调整。在起始阶段，运动员应注重发力的节奏和顺序，确保力量的有效传递。在投掷的关键时刻，适时的发力调整能够有效改变器械的飞行轨迹，增加投掷的稳定性和距离。通过系统的训练和技术分析，运动员可以提高对发力时机的把握能力，从而优化投掷效果。

调整身体姿态以优化投掷器械的飞行轨迹是投掷技术中的重要环节。运动员在投掷过程中需要保持良好的身体平衡和协调性，以确保力量的有效传递和轨迹的稳定性。通过调整身体的倾斜角度和重心位置，运动员可以改变投掷器械的出手角度和旋转方向，从而优化其飞行轨迹。此外，运动员还需关注身体各部位的协同动作，以提高投掷的整体效果。通过科学的训练和姿态调整，运动员可以在比赛中获得更好的成绩。

利用环境因素（如风速和风向）进行轨迹调整是投掷项目中常用的策略之一。运动员需要具备良好的环境适应能力，能够根据风速和风向的变化调整投掷策略。在训练中，运动员应掌握不同环境条件下的投掷技巧，以便在比赛中灵活应对。通过对环境因素的深入分析和经验积累，运动员可以有效利用风力来增强投掷器械的飞行稳定性和距离，从而在比赛中占据优势地位。环境因素的合理利用是提升投掷技术的一项重要策略，值得运动员深入研究和实践。

四、投掷动作的分解与整合

（一）动作分解

投掷项目中的动作分解是提高运动员技术水平的关键步骤。通过将复杂的投掷动作拆解成多个独立的环节，运动员可以更清晰地理解每个动作的具体要求与技巧。这一过程不仅有助于明确技术要素，还能帮助运动员在训练中形成更为精确的动作意识与敏感度。动作分解的基本原则是遵循从简单到复杂、从整体到局部、从静态到动态的训练顺序，确保运动员能够逐步掌握每个动作细节，并在实际投掷中实现有效整合。

在动作分解过程中，识别关键技术要素是提升运动员表现的核心。通过细致的分解，教练可以帮助运动员识别出动作中的关键环节，如起始姿势、发力点以及投掷后的平衡控制等。这些技术要素的识别不仅提升了运动员的动作意识，还能增强其对投掷动作的敏感度。运动员在训练中能够更好地感知自己的身体状态，及时调整动作，避免技术错误的积累，从而提高投掷的准确性和稳定性。

动作分解还为教练制订有针对性的训练计划提供了基础。通过分析运动员在动作分解中的表现，教练可以识别出运动员的薄弱环节，并针对这些环节设计专项训练，强化技术提升。例如，若运动员在发力阶段表现欠佳，那么教练可以安排专门的力量训练和技术指导，提高运动员的发力效率。这样的训练计划不仅提高了训练的针对性，也能帮助运动员在短时间内实现技术突破。

视频分析与反馈技术在动作分解中扮演着重要角色。通过运用视频技术，运动员可以直观地观察自己的动作表现，进行自我评估与改进。这种技术手段不仅提高了动作分解的效率，还增强了运动员的自主学习能力。教练可以通过视频反馈，及时指出运动员的技术问题，并提供相应的改进建议。运动员在反复观看和分析视频的过程中，能够更好地理解自身的动作特点，进行有效的技术调整和优化。

（二）动作整合

动作整合在投掷项目中扮演着至关重要的角色。它不是简单的动作组合，而是强调各个技术动作之间的流畅连接，以确保投掷动作的整体协调性和效率。动作整合的定义可以理解为将分解的技术动作有机地结合在一起，使其在投掷过程中形成自然流畅的技术链条。整体技术的流畅性直接影响投掷的最终效果，因为任何一个环节的不协调都会导致力量浪费和投掷距离缩短。因此，在投掷项目的教学与训练中，动作整合是提升运动员技术水平的关键环节。

通过动作整合训练，运动员能够显著提高身体的协调性。投掷项目要求运动员在短时间内完成复杂的动作组合，对身体的协调性提出了很高的要求。动作整合训练通过系统化的练习，帮助运动员在投掷过程中实现各身体部位的协同发力。比如，在铅球投掷中，运动员需要协调腿部、腰部和上肢的力量输出，以达到最佳的投掷效果。这种协同发力不仅提高了投掷的距离，还有效地降低了产生运动损伤的风险。

现代技术手段为动作整合提供了新的可能。视频分析技术的运用，使得运动员能够清晰地看到自己在投掷过程中各个环节的动作表现。通过视频回放和分析，运动员可以识别出动作中不协调的部分，并在教练的指导下进行针对性的调整。这种技术手段的应用，不仅提高了动作整合的效率，还为运动员提供了直观的反馈，促进了技术水平的快速提升。

设计针对性的整合训练方案是提升运动员整体表现与稳定性的有效途径。不同的投掷项目有其独特的技术要求，因此训练方案的设计必须结合项目特点。例如，在标枪投掷中，强调上肢的快速发力和身体的前倾动作；在铁饼投掷中，则更加注重旋转动作的稳定性。在训练方案中，教练需根据运动员的具体情况，制订个性化的整合训练计划，以帮助其在短时间内提升整体表现。通过科学的训练设计，运动员的技术稳定性和比赛成绩将得到显著提高。

第二节　投掷项目的教学流程与要点

一、投掷项目教学中的准备与组织

（一）教学目标设定

在投掷项目的教学中，教学目标的设定至关重要。明确的教学目标能够为教学活动提供清晰的方向，确保运动员技术、战术和心理素质的全面提升。技术目标应涵盖基本动作的掌握和细节的完善，战术目标侧重比赛中策略的运用与判断，心理素质的目标则关注培养学生在比赛中的自信心和抗压能力。针对不同年龄、水平和身体素质的学生，个性化的教学目标尤为重要。通过对学生的全面评估，教师可以制订出符合每位学生需要的教学计划，从而提高教学的针对性和有效性。

短期与长期教学目标的设定是教学计划评估和调整的基础。短期目标可以帮助学生在较短时间内取得进步，增强学习的动力，长期目标则为学生提供了持续努力的方向，帮助他们在技术和心理上实现更高层次的突破。此外，教学目标中还必须强调安全意识和学生的身体健康。投掷项目具有一定的风险性，教师需在教学过程中不断提醒学生注意安全，确保训练环境的安全性，以避免产生伤害。

教学目标的设定还需与国家体育标准和竞赛要求相一致。国家体育标准为投掷项目的教学提供了基本框架，竞赛要求则为教学目标的设定提供了具体的参考。通过对这些标准的深入理解，教师可以更好地设计教学内容，确保学生在参与各类比赛时具备足够的竞争力。这种与标准和要求的对接，不仅提高了教学的科学性和系统性，也提升了学生在实际比赛中的表现水平。

（二）教学资源准备

在投掷项目的教学中，充分的教学资源是实现高效教学的基础。教学资源的准备不仅包括物质资源，还涵盖了人力资源的合理配置。首先，投掷器械的选择与准备是教学资源准备的核心环节之一。不同的投掷项目所需的器械类型及其规格各不相同，如铅球、铁饼、标枪和链球等，每种器械都有其特定的重量和尺寸要求。因此，教练员在进行教学前，需根据教学内容和运动员的实际水平，选择合适的器械，以满足不同训练目标的需求。

场地的选择与布置同样是教学资源准备中不可忽视的部分。投掷项目对场地的要求较高，必须确保场地符合安全和技术标准。例如，投掷场地需要有足够的缓冲空间，防止器械飞出造成安全隐患。同时，场地的表面也需平整，避免运动员在起跑或加速过程中受伤。通过合理的场地布置，可以有效提高教学的安全性和技术性，保障教学活动顺利进行。

教学辅助工具的准备是提升教学效果的重要手段。在现代投掷项目教学中，视频分析设备和测量仪器的使用已成为常态。这些工具可以帮助教练员进行技术分析与反馈，提高运动员的技术水平。例如，通过视频分析，教练员可以详细观察运动员的投掷动作，找出技术上的不足，并及时给予指导和纠正。此外，测量仪器还可以精确记录运动员的成绩变化，为制订科学的训练计划提供依据。

教学人员的培训与分工是确保教学质量的关键。教练员不仅需要具备丰富的专业知识和技能，还需具备良好的教学组织能力。在教学过程中，合理的人员分工可以提高教学效率。例如，主教练负责整体教学计划的制订与实施，助理教练则负责具体技术动作的指导与纠正。通过科学的人员分工，可以充分发挥每位教练员的专业优势，确保运动员在训练中得到有效的指导。

安全防护措施的制定是保障运动员安全的必要条件。在投掷项目教学中，运动员的安全始终是第一位的。教练员需制定详细的安全防护措施，如必要的防护装备和急救设施。例如，运动员在训练时需佩戴护具，以防止意外受伤；场地周围需配备急救箱，以便在出现意外情况时能够及时处理。通过严格的安全管理，可以有效降低安全风险，保障运动员的身心健康。

（三）学生分组安排

在投掷项目教学中，合理的学生分组安排是确保教学效果的重要环节。根据学生的身体素质和技术水平进行分组，不仅可以使每组成员的能力相对均衡，还能有效地促进组内成员的相互学习与提升。通过这样的分组策略，教师可以在教学过程中更好地关注每位学生的进步情况，及时给予个性化的指导和反馈，从而提高整体教学质量。在分组过程中，教师需要仔细观察和评估学生的身体能力和技术掌握情况，以便做出科学合理的分组决策。

在分组之后，教师应为每个小组设置不同的训练目标和任务。这种策略可以帮助教师有针对性地提升各组运动员的技术和战术水平。通过制定明确的训练目标，学生能够更有方向性地进行训练，具体的任务则有助于学生在实践中理解和掌握技术要点。这种目标导向的训练方式，不仅可以提高学生的技术水平，还能增强他们在比赛中的战术意识和应变能力。在训练过程中，教师可以通过观察和评估，及时调整训练目标和任务，以确保学生持续进步。

考虑到学生的性别和年龄差异，进行适当的分组是增强训练安全性和有效性的关键。性别和年龄不同，往往意味着身体素质和心理成熟度的差异。因此，教师在分组时需充分考虑这些因素，以避免伤害和心理压力。在这样的分组策略下，学生能够在一个相对安全且舒适的环境中进行训练，从而更好地发挥自身潜力。教师在分组后，还应定期对学生的训练情况进行评估，以确保分组的合理性和有效性。

在分组过程中，鼓励组内成员之间的互动与合作是培养团队精神和集体荣誉感的重要手段。通过小组合作，学生能够在相互帮助和鼓励中提高技术水平，同时也能增强他们的沟通能力和团队协作能力。这种合作学习的方式，不仅有助于个体能力的提升，也能促进集体荣誉感的提升。在日常训练中，教师可以通过组织小组竞赛和团队活动等方式，进一步增强学生的团队意识和集体荣誉感。

定期评估和调整分组情况，是确保每个组的训练效果最大化的重要措施。学生在训练过程中会不断进步，身体素质和技术水平也会随之变化。因此，教师需定期对学生的表现进行评估，并根据评估结果对分组进行适当的调整。这种灵活的分组策略，能够确保每位学生在最适合的环境中接受训练，从而最大限度地发挥其潜力。通过动态调整，教师可以更好地掌握学生的进步情况，并及时调整教学策略，以实现教学目标。

二、投掷项目教学中的示范与讲解

（一）动作分解示范

在投掷项目的教学中，动作分解示范是至关重要的环节。通过将复杂的投掷动作拆解为多个技术环节，教练可以帮助运动员更好地理解动作的基本构成。每个技术环节都有其独特的作用，教练在示范时应特别强调这些环节，以确保运动员能够掌握每个动作的核心要素。通过分解示范，运动员能够逐步建立起对整体动作的全面理解，从而在训练中更有效地进行实践。

为了增强运动员的观察和模仿能力，教练在示范过程中可以采用慢动作展示关键动作。这种方法不仅可以让运动员更清晰地看到每个动作的细节，还能让他们更容易模仿教练的动作姿态。慢动作展示可以有效地降低动作的复杂性，使运动员在较短的时间内掌握动作要领。此外，教练还可以通过重复慢动作示范，让运动员在不断的观察中强化对动作的记忆，从而提高训练效果。

在动作分解示范中，利用身体标记或手势指引是提升运动员动作意识的一种有效策略。通过明确每个动作环节的起始和结束位置，运动员可以更好地理解动作的空间结构和时间节奏。身体标记和手势指引不仅可以帮助运动员在心理上建立动作的框架，还能在实际操作中提供直观的参考。这种方法有助于运动员在训练中更准确地执行动作，提高动作的连贯性和协调性。

结合视频分析技术，教练可以在示范过程中及时反馈运动员的表现。这种技术手段能够为运动员提供直观的视觉反馈，帮助他们识别自身动作的优劣。通过视频分析，运动员可以看到自己在示范过程中的表现与教练的标准示范之间的差距，从而进行调整与改进。这种反馈机制不仅提高了训练的针对性，还增强了运动员的自我反思能力，有助于其技术水平的提升。

在完成动作分解示范后，进行互动讨论是促进运动员对动作理解的有效方式。通过鼓励运动员提出疑问并分享个人体会，教练可以帮助他们深化对动作分解的理解。互动讨论不仅可以解答运动员在示范过程中产生的疑惑，还能通过交流拓宽他们的思维视野。运动员在分享过程中，也能够从他人的经验中获得新的启示，从而在训练中更好地运用所学技巧。

（二）语言讲解要点

在投掷项目的教学中，语言讲解是帮助运动员理解和掌握技术要点的重要环节。语言讲解应简明扼要，以确保运动员能够快速掌握关键的技术要点。过于复杂或冗长的讲解可能会导致运动员的注意力分散，甚至对技术动作产生误解。因此，教练在讲解时应优先突出要点，使用清晰、直接的语言传达信息。此外，简洁的语言也有助于快速集中运动员的注意力，使他们能够更专注于实际动作的练习和理解。

为了提高语言讲解的效果，教练可以运用生动的比喻和形象的描述来帮助运动员理解复杂的动作。例如，可以将投掷动作比作弹簧的释放，这样的比喻不仅通俗易懂，还能帮助运动员在脑海中形成清晰的动作图像。这种形象化的讲解方式有助于运动员对动作的记忆和再现，从而提高教学效率。此外，这种方法还能激发运动员的想象力，使他们能够更积极地参与学习中。

结合实际示范是语言讲解的重要补充。教练在进行语言讲解时，应结合实际示范，以便运动员能够将听到的内容与看到的动作结合起来，从而加深理解。在示范过程中，教练应根据运动员的反馈和理解能力，及时调整讲解内容。这样可以确保每位运动员都能跟上教学进度，并根据个人的学习情况进行调整，以达到最佳的教学效果。通过灵活的示范与讲解相结合，教练可以更有效地传授技术要点。

在讲解过程中，鼓励运动员进行互动提问是增强学习参与感和积极性的有效策略。教练与运动员的互动不仅能帮助运动员解答疑惑，还能促进他们对技术动作的深入理解。教练应鼓励运动员在任何不理解的地方提出问题，并给予详细的解答。这种互动式的教学方法能够激发运动员的学习兴趣，使他们更加主动地参与训练中，形成良好的学习氛围。

在使用专业术语时，教练务必进行详细解释，以确保所有运动员都能跟上教学节奏。尽管专业术语在教学中必不可少，但对于初学者或理解能力较弱的运动员来说，过多的术语可能会增加理解的难度。因此，教练应在使用术语时，结合通俗易懂的解释，帮助运动员建立对术语的正确理解。这不仅有助于提高教学的有效性，还为运动员更高层次的学习打下了坚实的基础。

三、投掷项目教学中的纠错与反馈方法

（一）常见错误识别

在投掷项目的教学中，识别常见错误是提高运动员技术水平的重要环节。运动员在持器过程中，手指常常未能放在正确位置，不仅导致握持不稳，还直接影响投掷的稳定性和准确性。正确的持器姿势要求手指均匀分布在器械表面，形成稳定的支撑结构，从而保证在投掷瞬间能够将力量有效传递至器械。此外，运动员在发力时未能充分利用下肢力量也是一个常见问题。下肢力量不足会导致整个投掷动作的发力不足，从而影响投掷距离。通过加强对下肢力量的训练，可以有效改善这一问题，提高投掷的整体表现。

助跑过程中的节奏不一致是另一个需要关注的常见错误。节奏不稳定常常

导致投掷时的力量输出不稳定，进而影响整体表现。助跑时，运动员需要保持节奏稳定，通过合理的步幅和步频调整，确保在进入投掷环节前达到最佳的速度和姿态。投掷角度控制不当同样是影响成绩的重要因素。运动员在发力时机的选择上需要进行合理的调整，以确保投掷轨迹符合预期。对投掷角度的精准控制，可以通过反复的技术练习和视频分析来实现，以此帮助运动员找到最佳的投掷角度。

动作协调性差是影响投掷技术效果的又一个关键问题。运动员在投掷过程中，身体各部位需要形成有效的协调配合，以保证动作的流畅性和技术的完整性。通过专项的协调性训练，可以帮助运动员提高身体各部位的协同能力，进而提升投掷技术的整体效果。在教学过程中，教练应注重对运动员动作协调性的培养，通过分解练习和整体动作的反复演练，逐步提升运动员的技术水平。识别并纠正这些常见错误，是提高投掷项目教学质量和运动员竞技水平的重要途径。

（二）纠错技巧的应用

在投掷项目的教学中，纠错技巧的应用是提高运动员技术水平的重要手段。通过视频分析技术，教练能够及时识别运动员在投掷过程中出现的技术错误。

身体标记法是一种有效的纠错技巧，其通过在运动员身体的关键部位设置标记，帮助运动员明确每个动作环节的标准姿势。这种方法使运动员在训练过程中能够清晰地感知自己的身体位置和动作轨迹，便于及时调整和改进。通过这种直观的方式，运动员可以更好地理解和掌握正确的技术动作，从而在训练中获得更好的效果。

设计针对性的纠错训练是提升运动员技术水平的又一项关键策略。针对运动员在特定动作环节中的不足，教练可以制订专门的训练计划，重点关注这些薄弱环节。通过反复的专项训练，运动员能够逐步克服技术上的缺陷，提升整体的技术水平。这种有针对性的训练方式，能够确保每个运动员在其特定的技术短板上获得有效的提升。

同伴反馈机制是一种创新的教学方法，通过让运动员之间相互观察和纠正，增强彼此间学习的互动性和参与感。在这种机制下，运动员不再仅是被动的接受者，而是积极的参与者。他们通过观察同伴的动作，能够更好地理解技术要点，同时也能通过给出反馈来巩固自己的技术理解。这种相互学习的方式，不仅提高了训练的趣味性，还促进了团队的凝聚力。

定期进行技术评估是确保运动员技术持续提升的重要步骤。通过技术评估，教练可以依据运动员的进步情况，及时调整纠错策略。评估的结果为教练提供了科学的依据，使其能够制订更加精准的训练计划，确保运动员的技术水平在每个阶段都能得到提升。这样的评估和调整机制，使得训练过程更加系统化和科学化，保证了运动员的长远发展。

（三）反馈机制建立

有效的反馈机制是投掷项目教学中不可或缺的一部分。完善的反馈机制能够帮助运动员在训练中不断优化自己的技术动作。建立定期反馈机制是其中的关键步骤。通过在每次训练后进行反馈收集和分析，教练可以及时了解运动员的技术表现和进步情况。这种机制不仅有助于发现训练中存在的问题，还能促进技术改进，确保运动员在投掷项目中不断提升自己的能力。

利用科技手段，如视频回放和分析工具等，可以为运动员提供直观的反馈。这些工具能够清晰地展示运动员在训练中的技术细节和不足，使得运动员可以更直观地理解自己的动作表现。通过视频慢放和逐帧分析，运动员能够看到自己在投掷过程中的每一个细节，并在教练的指导下进行针对性的调整和改进。这种直观的反馈方式大大提高了技术纠正的效率。

鼓励教练与运动员之间的双向沟通是建立开放反馈环境的基础。在这样的环境中，运动员能够主动表达自己的感受和需求，而教练也可以更好地了解运动员的心理状态和技术难点。通过这种双向交流，教练可以根据运动员的反馈调整训练计划，提供更具针对性的指导。这种沟通不仅有助于技术的改进，也有助于建立良好的师生关系，增强运动员的信心。

制订个性化的反馈计划是提升运动员技术水平的重要策略。根据每位运动员的技术特点和进展情况，教练可以提供量身定制的改进建议与指导。这样的个性化反馈确保了每位运动员都能获得最适合自己的训练建议，避免了“一刀切”式的指导方式。个性化的指导不仅提高了训练的有效性，也激发了运动员的训练积极性。

通过团队讨论与总结会，运动员能够集体分享训练中的成功经验与错误。这种集体分享的方式不仅增强了运动员的学习动力，还提升了成员的团队合作意识。在讨论中，运动员之间可以相互学习，借鉴他人的成功经验，同时也能够从他人的错误中吸取教训。这种集体反馈的方式为运动员提供了一个学习与成长的平台，促进了整个团队的进步。

四、投掷项目教学中的安全注意事项

（一）场地安全检查

在投掷项目的教学与训练中，场地安全检查是确保运动员安全的首要步骤。投掷场地的地面状况直接影响运动员的表现和安全。地面应保持平整，无障碍物、坑洼和碎石，以防止运动员在训练或比赛中摔倒或受伤。尤其在进行高强度的投掷活动时，不平整的地面可能导致运动员产生严重的运动损伤。此外，投掷器械的存放区域必须与训练区域明确隔离，避免运动员在练习过程中受到器械的意外伤害。投掷器械的摆放应整齐有序，并在使用后及时归位，以减少安全隐患。

周围环境的安全性同样不可忽视。树木、电线和其他潜在危险物可能对投掷活动造成干扰或威胁，检查这些因素的安全性是保障投掷活动顺利进行的关键。场地的照明条件也是影响安全的重要因素。在光线不足的情况下，运动员的视线容易受到影响，从而增加意外事故的风险。因此，确保训练和比赛时有足够的光线是必要的。夜间训练或比赛时，场地应配备高效的照明设备，以提供清晰的视野。

制定应急预案和安全措施是场地安全检查的重要组成部分。无论是自然因素还是人为因素导致的突发情况，都需要有完善的应急预案。安全措施的制定应包括具体的处理步骤和责任分工，确保在发生意外情况时能够迅速有效地进行处理，保护运动员的安全。这不仅是对运动员生命安全的保障，也是对教学和训练活动顺利开展的必要支持。通过全面细致的场地安全检查，投掷项目的教学与训练才能在安全的环境中有序进行。

（二）器材使用规范

在投掷项目的教学与训练中，器材使用规范是保障运动员安全与提高训练效果的关键因素。投掷器械的选择应根据运动员的年龄、性别和技术水平进行，以确保器材的重量、尺寸和设计适合其身体素质与技能发展。选择适合的器械不仅能有效降低受伤风险，还能促进运动员技术的进步与身体素质的全面提升。特别是在青少年运动员的训练中，合理的器材选择能够更好地保护他们的身体，避免过早地承受过大的负荷。

在使用投掷器械前，运动员需接受正确的握持与投掷技巧培训。这一过程不仅是技术学习的基础，更是预防运动伤害的重要环节。通过系统的技巧培训，运动员能够掌握器械的正确使用方法，从而避免错误使用导致的伤害。教练员在此过程中扮演着至关重要的角色，他们应根据运动员的个体差异，制订相应的训练计划，并在训练中给予及时的指导。

定期检查投掷器械的完好性也是确保安全的重要措施。器械在长期使用过程中可能会出现磨损或损坏，不仅影响训练和比赛的效果，更可能对运动员的安全构成威胁。因此，教练员和运动员应共同负责器械的检查与维护，确保器械始终处于良好的使用状态。特别是在比赛前，器械的全面检查是必不可少的，以避免发生意外事故。

在投掷训练中，运动员应严格遵循器械使用的安全距离规定。训练场地的选择与布置需要充分考虑安全因素，确保周围环境无其他人员或障碍物，以避免意外事故。安全距离的设定不仅是对运动员自身的保护，也是对场地内其他人员安全的保障。运动员在训练时，需保持高度的安全意识，遵循教练员的指导与场地的安全规定。

训练结束后，运动员应对器械进行合理的清理与存放。器械的清理不仅是保持其良好状态的必要步骤，也是延长器械使用寿命的重要措施。合理的存放可以防止器械受到外界环境如潮湿、腐蚀等的影响，确保器械在下次使用前处于良好的状态。运动员应在教练员的指导下，掌握器械的正确清理与存放方法，养成良好的器材维护习惯。

（三）学生安全意识培养

培养学生的安全意识在投掷项目教学中至关重要。投掷项目涉及较大的运动器械和较高的运动强度，学生必须具备足够的安全知识以避免意外发生。加强安全知识教育是培养学生安全意识的基础。学校应定期组织安全培训，确保学生了解投掷项目的基本安全规则与注意事项。这不仅包括器械的正确使用方法，还应涉及场地的安全管理和个人防护措施。通过系统的安全知识教育，学生能够在训练中更好地保护自己和他人，减少意外伤害。

为了提高学生对潜在危险的识别能力，模拟演练是有效的方法。通过模拟各种可能出现的危险情境，学生可以在安全的环境中学习如何应对突发事件。这种训练有助于增强他们在实际训练中自我保护的意识，使他们在面对真实危险时能够迅速作出反应，采取正确的措施。同时，模拟演练还有助于学生掌握必要的应急处理技能，提升他们的自主应变能力。这种实践性的训练方式，不仅提高了学生的安全意识，还增强了他们的自信心。

在投掷项目的训练中，鼓励学生相互监督也是提高安全意识的重要手段。通过建立一种安全文化，学生之间可以形成一种相互监督和支持的氛围。团队成员之间的安全责任感得以提升，他们会更加主动地关注彼此的安全状况。这种相互监督机制不仅能够及时发现和纠正不安全行为，还能增强学生的团队合作精神和责任意识。通过这种方式，安全意识的培养不再是单一的个人行为，而是集体的共同责任。

视频教学是一种直观且有效的安全教育工具。通过视频展示安全操作规范，学生能够更清晰地理解如何在训练中避免安全隐患。视频教学可以将复杂的安全操作分解为简单的步骤，使学生更容易掌握。同时，视频还可以反复观看，帮助学生加深记忆和理解。通过这种生动的教学方式，学生能够更直观地了解错误操作可能带来的后果，从而更加重视安全操作的重要性。

每次训练前进行安全提示是确保学生安全的最后一道防线。教师应提醒学生注意场地和器械的安全状况，确保他们在训练中保持警觉。安全提示包括检查器械的完好性、观察场地的安全性以及提醒学生遵守安全规则等。通过这种方式，学生能够在训练前调整心态，集中注意力以避免安全问题。这种常规的安全提示不仅是对学生的提醒，更是一种安全意识的再强化，确保他们在训练中始终保持高度的安全警觉。

第三节　投掷项目力量与协调性训练计划制订

一、投掷项目力量训练的基本原则与方法

（一）力量训练的基本原则

力量训练在投掷项目中扮演着至关重要的角色，其基本原则应围绕运动员的特定需求展开。

力量训练方案的设计必须符合投掷项目的技术特点和运动员的身体素质。每一位运动员的身体条件和技术水平都不尽相同，因此个性化的训练计划能够更有效地提升其专项能力。这种针对性的训练不仅可以提高运动员的力量水平，

还能帮助他们更好地掌握投掷技术，从而在比赛中取得更佳的成绩。

在力量训练中，渐进性原则是不可或缺的。训练负荷的增加应是逐步的，以确保运动员的身体能够适应不断加大的训练强度。通过循序渐进地增加训练负荷，运动员的力量水平可以得到持续提升，同时也能提高其对高强度训练的适应能力。这种渐进式的训练方法有助于避免运动员因过度训练导致的疲劳或伤病，从而保持良好的竞技状态。

力量训练不仅是简单的肌肉力量提升，还应结合功能性训练，以增强运动员在投掷动作中的整体协调性和稳定性。功能性训练强调身体各部位的协调配合，这对于投掷项目尤为重要。通过功能性训练，运动员可以在投掷过程中更好地控制身体的平衡和动作的连贯性，从而提高技术表现。这种训练方法不仅提升了运动员的力量，还增强了其在比赛中的综合表现能力。

力量训练必须注重恢复与休息的平衡。合理安排训练周期，确保运动员在高强度训练之后能够得到充分的恢复，是力量训练计划中至关重要的一部分。过度疲劳不仅会影响运动员的竞技状态，还可能导致伤病发生。因此，在训练计划中，教练应合理分配训练与休息时间，使运动员能够在最佳状态下进行训练和比赛。通过科学的训练周期安排，运动员可以在力量和恢复之间达到平衡，确保其在赛场上的出色表现。

（二）专项力量训练的方法

专项力量训练的方法在田径投掷项目中具有重要地位，旨在提高运动员的整体力量输出和技术表现。

通过多关节复合训练，运动员能够在投掷动作中更好地整合全身力量，实现更高效的力量传递。多关节复合训练包括深蹲、硬拉和推举等，这些动作不仅能增强下肢和上肢的力量，还能提升核心肌群的稳定性和力量输出能力。通过这些训练，运动员能够在比赛中更好地控制投掷动作的节奏和力度，从而提升投掷距离和精准度。

结合弹性训练器材进行动态力量训练是提高运动员爆发力和协调性的重要方法。利用弹力带和药球等器材，运动员可以在动态环境中进行力量训练。这种训练方式不仅能增强肌肉的快速收缩能力，还能提高神经系统的反应速度和协调性。例如，使用药球进行旋转投掷训练，可以模拟投掷项目中的旋转动作，提升运动员的核心力量和旋转速度，从而提高投掷的爆发力和稳定性。

功能性训练是针对投掷动作各个环节进行的专项训练，旨在增强运动员在实际投掷中的稳定性与控制能力。通过模拟投掷动作的训练，如单腿平衡、核心旋转和肩部稳定训练等，运动员可以提高身体各部分的协调性和控制力。这种训练方法强调在动态环境下的肌肉控制和协调能力，使运动员在比赛中能够更好地应对各种复杂的投掷动作，提高投掷的准确性和有效性。

定期进行力量评估是确保力量训练针对性和有效性的关键。通过科学的评估手段，如最大力量测试和爆发力测试等，教练可以了解运动员的进步情况，并根据评估结果调整训练计划。这种动态调整的训练方法，能够确保运动员在不同阶段的训练负荷和强度是最适合其发展的，从而最大化训练效果。此外，力量评估还可以帮助教练识别运动员的弱项，以便针对性地加强训练，提高整体力量水平。

二、投掷项目协调性训练的关键要素

（一）协调性训练的核心要素

协调性训练在投掷项目中占据着至关重要的地位。其核心要素包括提升运动员身体各部位之间的协调配合，以增强其在投掷过程中的整体表现。协调性不是单一肌肉群的训练，而是需要全身的协同。通过系统化的训练，运动员能够在复杂的投掷动作中实现各个身体部位的精准配合，从而提高动作的流畅性和效率。研究表明，良好的身体协调能力能够显著提高运动员的投掷成绩，并减少因动作不协调导致的运动损伤。

多样化的协调性训练方法是提升运动员平衡能力的有效手段。在投掷项目中，平衡能力直接影响到运动员的稳定性和投掷精度。通过引入多样化的训练方法，如平衡板训练、单腿站立投掷练习等，运动员可以在动态环境中提高自身的平衡控制能力。这些训练方法不仅能够提高运动员的平衡能力，还能增强其在投掷动作中对身体重心的控制，从而在比赛中保持更稳定的表现。

协调性训练还需结合动态和静态练习，以提升运动员的反应速度与灵活性。动态练习如快速转身投掷、变速投掷等，能够提高运动员在短时间内对外界刺激的反应能力。静态练习，如持久站立和静止姿势下的投掷练习，则可以增强运动员的耐力和肌肉控制能力。通过动态与静态练习的结合，运动员能够在不同的投掷项目中快速适应变化，提高其动作的灵活性和反应速度。

协调性训练应特别关注运动员对投掷器械的控制能力。在投掷项目中，运动员需要在短时间内完成对器械的精准控制，以确保投掷的方向和力度符合预期。因此，训练中应设计专门的练习，帮助运动员提高对器械的掌控能力。这包括投掷器械的握持、挥动以及释放等环节，通过反复练习和细节调整，运动员能够在比赛中更加自信地发挥自身实力，实现最佳的投掷效果。

（二）协调性训练的实施步骤

在投掷项目的训练中，协调性训练是提升运动员综合能力的重要环节。

第一步，制订个性化的训练计划。根据每位运动员的技术水平和具体需求，选择适合的训练内容和强度是至关重要的。个性化的训练计划不仅能够针对性地提高运动员的协调能力，还能有效避免训练过度或不足的问题，从而保障运动员的身体健康和训练效果。此步骤要求教练员深入了解每位运动员的身体素质、技术特点以及心理状态，以便制定出切实可行的训练方案。

第二步，采用多样化的训练方式。通过引入平衡练习、敏捷训练和动态拉伸等多种训练手段，可以有效提高运动员的身体控制能力和反应速度。平衡练习有助于提高运动员在投掷过程中保持身体稳定的能力，敏捷训练能够提升运动员的快速反应和动作转换能力，动态拉伸则在提高柔韧性的同时，增强了肌肉的协调工作能力。这些训练方式的多样性不仅能提高训练的趣味性，还能全面提升运动员的协调能力。

第三步，定期进行协调性测试，以评估运动员在训练过程中的进步。这一环节的目的是通过科学的测试手段，量化运动员的协调性水平，并根据测试结果及时调整训练策略，确保训练的有效性。定期测试可以帮助教练员了解训练效果，同时也为运动员提供了自我评估和反馈的机会，从而激励他们不断改进和提高。测试结果还可以作为调整训练计划的重要依据，以便更好地满足运动员的训练需求。

第四步，结合投掷动作的实际需求，设计专项协调性训练。投掷项目要求运动员在短时间内完成复杂的动作组合，因此专项协调性训练的设计需要紧密结合投掷技术的特点。通过模拟比赛情景，设计出与实际投掷动作相似的训练内容，有助于运动员在投掷过程中实现力量和技术的完美结合。这不仅提高了运动员的投掷成绩，也增强了他们在比赛中的竞争力。专项训练的设计应注重实用性和针对性，以最大限度地提升运动员的竞技水平。

三、训练负荷的逐步增加与恢复策略

（一）负荷增加的阶段性策略

负荷增加的阶段性策略是投掷项目训练计划中的关键组成部分。

根据运动员的适应能力，制订分阶段的训练负荷增加计划，能够有效地帮助运动员逐步适应更高强度的训练。通过科学的负荷管理，运动员不仅可以提高自身竞技水平，还能降低过度训练导致的疲劳和伤病风险。

在每个训练周期结束时，教练员应对运动员的表现进行全面评估，并根据反馈调整下一阶段的训练负荷。这种动态调整确保了训练的科学性与有效性，使运动员在适应过程中获得最佳的训练效果。结合力量与协调性训练，合理安排负荷增加的时间间隔，避免因过度疲劳导致的训练效果下降是非常重要的。

在负荷增加的过程中，教练员还需密切关注运动员的身体信号，及时调整训练强度，以预防运动伤害，保障训练的安全性。这种关注不仅体现在训练计划的制订上，也体现在日常训练任务的执行过程中，确保每个运动员都能在安全、有效的环境中进行训练。

（二）恢复策略的实施要点

在投掷项目的训练中，恢复策略的实施是确保运动员在高强度训练后能够迅速恢复并提升竞技水平的关键环节。

制订个性化的恢复计划是其中的重要一环。根据每位运动员的训练强度和身体状态，安排适合的恢复活动至关重要。通过科学的恢复计划，可以有效地促进运动员体能的恢复，并提高训练效果。个性化的恢复计划应考虑到运动员的具体需求，结合运动生理学的原理，选择合适的恢复手段，如按摩、热疗、冷疗等，以帮助运动员快速恢复。

主动恢复策略的实施是恢复过程中不可忽视的部分。通过轻度有氧运动和拉伸等手段，可以有效帮助运动员缓解肌肉紧张，促进血液循环，加速恢复过程。这些主动恢复措施不仅能够缓解肌肉酸痛，还能提高肌肉的柔韧性和协调性。在训练计划中，合理安排这些主动恢复活动，可以使运动员在保持一定运动量的同时，避免过度疲劳，提升整体训练效果。

充足的休息时间是恢复策略中另一个重要的组成部分。在高强度训练后，确保运动员得到充分的睡眠和休息，是身体能够有效修复和重建的基础。研究表明，睡眠质量与运动表现密切相关，良好的睡眠能够促进肌肉的生长和修复，增强免疫力，并提高心理状态。因此，在制订训练计划时，必须合理安排训练与休息的时间比例，确保运动员的身体和心理状态都处于最佳状态。

定期进行身体状况评估是确保恢复策略有效实施的保障。通过监测运动员的疲劳水平和恢复进度，可以及时发现潜在的问题，并根据评估结果调整训练计划。这不仅有助于预防运动损伤，还能确保运动员在最佳状态下进行训练。采用现代化的评估工具和技术，如心率变异性分析、乳酸检测等，可以提供更为精准的数据支持，使教练做出更科学的决策，提高训练的针对性和有效性。

四、训练计划的调整与优化策略

（一）计划调整的依据

在投掷项目的教学与训练中，训练计划的调整是确保运动员持续进步和避免伤病的重要环节。

训练计划调整的依据首先在于运动员的技术水平变化。随着训练的深入，运动员的技术水平会逐步提高，表现出更高的投掷能力和技巧熟练度。这种变化需要教练根据运动员在训练中的表现和进步情况，动态调整训练计划，以更好地满足其发展需求。技术水平的变化不仅影响训练内容的选择，也决定了训练强度和频率的安排，以确保运动员能够在技术上持续突破。

运动员的身体状态评估是训练计划调整的另一个重要依据。运动员的疲劳程度和恢复情况直接影响其训练效果和身体健康。因此，教练需要通过科学的评估手段，了解运动员的身体状态，将此作为调整训练强度和内容的重要依据。通过合理的调整，可以有效防止过度训练带来的伤害风险，确保运动员在良好的身体状态下进行训练，从而提高训练的质量和效率。

训练目标的达成情况同样是调整训练计划的关键因素。每一阶段的训练计划都设定了明确的目标，通过比赛或测试的结果来检验其达成情况。教练需要根据运动员在比赛或测试中的表现，及时调整训练计划，确保目标的有效实现。这样的调整不仅能帮助运动员在短期内达到预期的成绩，还为其长期发展奠定了坚实的基础。

环境因素的变化，如气候和场地条件等，也对训练计划的调整产生重要影响。训练场地的变化可能导致投掷技术的适应性问题，气候条件的变化则可能影响运动员的生理状态和心理状态。教练需要根据这些外部因素的影响，灵活调整训练计划，以提高训练的适应性和效果。通过对环境因素的敏锐感知和适时调整，训练计划可以更好地适应实际情况，从而提升运动员的综合表现。

（二）优化策略的应用方法

在投掷项目的训练中，优化策略的应用方法至关重要。通过定期收集运动员的反馈，教练可以深入了解他们在训练过程中的感受和需求。这一过程不仅有助于发现训练计划中的不足，还能为教练提供及时调整训练内容和方法的依据。运动员的反馈往往涉及训练强度、技术难度以及运动员心理状态等多个方面，教练需要根据这些信息灵活调整训练计划，以确保训练的有效性和运动员的身心健康。

结合科学的评估工具进行定期监测，是优化训练计划的另一个重要方法。通过使用先进的监测设备和技术手段，教练可以准确掌握运动员的身体状态和技术水平。这些数据不仅能够反映运动员当前的能力，还可以帮助教练预测其未来的训练需求。基于数据的分析，教练可以有针对性地调整训练计划，提高训练的针对性和有效性，从而帮助运动员在比赛中取得更好的成绩。

为了避免训练的单一性，提升运动员的参与感和训练兴趣，引入多样化的训练形式和内容是必不可少的。多样化的训练不仅能激发运动员的兴趣，还能提高其综合素质和适应能力。教练可以通过引入新的训练设备、创新的训练方法以及丰富的训练内容，使运动员在训练中保持高度的专注和积极性。这种多样化的训练方式有助于运动员在面对不同比赛环境时能够迅速适应，发挥出最佳水平。

在训练计划中设置灵活的调整机制，是应对实际情况和运动员表现变化的有效策略。运动员在训练中的表现可能受到多种因素的影响，如身体状态、心理压力以及外部环境等。灵活的调整机制有助于教练根据实际情况及时调整训练内容和强度，以最大限度地发挥运动员的潜力。这种灵活性不仅能够提高训练的效率，还能增强运动员的自信心和适应能力，使其在比赛中能够从容应对各种挑战。

第四节　投掷项目的训练策略与效果评估

一、投掷项目训练策略的制定原则

（一）目标设定原则

在制定投掷项目的训练策略时，目标设定原则至关重要。明确的训练目标应根据运动员的个体差异来量身定制。每位运动员的身体条件、技术掌握程度和心理状态都存在差异，因此个性化的目标设定能够有效提高训练的针对性和效率。通过科学的评估，教练可以为运动员制订适合其自身发展的训练计划，从而更好地发挥其潜能。

在设定目标时，兼顾短期与长期的训练效果是必要的。短期目标有助于运动员在训练中保持持续动力，看到阶段性进步，长期目标则为运动员的职业生涯提供了方向和动力。在不同的训练阶段，通过对目标的有效评估和调整，可以确保训练计划的持续性和有效性，使运动员在各个阶段都能得到充分的发展。

目标设定不局限于技术，还应涵盖战术和心理素质等多个方面。全面提升运动员的综合能力是现代投掷项目训练的重要趋势。现代竞技体育要求运动员不仅要具备过硬的技术，还需要良好的战术意识和心理素质，以应对比赛中的各种挑战。因此，目标设定应当是多维度的，确保运动员在各个方面都能得到均衡发展。

训练目标的设定必须与国家体育标准和竞赛要求相一致。这样可以提高训练的科学性和针对性，使运动员在比赛中能够更好地发挥。国家体育标准提供了一个评估的框架，帮助教练和运动员明确需要达到的水平和标准，从而在训练中有的放矢，提升整体训练效果。

在设定目标时，运动员的安全和健康是首要考虑因素。任何训练方案都必须确保其可行性和有效性，避免过度训练或不当训练导致的伤害。科学合理的目标设定可以有效防止运动员在训练中出现安全隐患，保障其在训练和比赛中的健康状态，进而实现训练效果的最大化。

（二）个性化调整原则

个性化调整原则在投掷项目训练中具有重要的指导意义。每位运动员的身体素质都存在差异，因此在制定训练方案时需要考虑个体的力量和协调性。通过对运动员身体素质的全面评估，教练可以为运动员量身定制适合的训练计划，确保训练的有效性和针对性。力量训练和协调性训练的内容和强度需根据运动员的实际情况进行个性化调整，以帮助运动员在最短时间内提升其专项能力。

在技术训练中，运动员的心理状态和学习能力对训练效果有着直接影响。教练应密切关注运动员的心理变化，及时调整教学方法和节奏，以适应运动员的学习进度和心理需求。通过多样化的教学手段和灵活的教学节奏，运动员不仅能更好地掌握技术要领，还能提高参与训练的积极性和自信心。这样的调整有助于运动员在轻松愉快的氛围中实现技术水平的提升。

运动员的技术水平和进步情况是制定训练内容和强度的重要依据。教练需根据运动员在训练中的表现，灵活调整训练内容和强度，确保训练始终贴合运动员的实际需求。通过这样的动态调整，运动员能够在训练中不断挑战自我，突破瓶颈，进而实现技术的持续提升。这种灵活性不仅提高了训练的效率，也增强了运动员的自我效能感。

定期评估运动员的训练效果与身体状况是个性化调整原则的重要组成部分。通过科学的评估手段，教练可以及时掌握运动员的训练进展和身体状况。依据评估结果，可以合理优化和调整训练计划，确保运动员在训练中获得最大收益。这样的评估与调整机制，不仅促进了运动员的可持续发展，也为教练提供了有效的反馈，指导后续训练策略的制定。

结合运动员的个性特点，如兴趣和心理特征等，设计多样化的训练活动是提升训练趣味性和运动员积极性的重要手段。通过引入多样化的训练形式，运动员能够在训练中体验到更多的乐趣，增强对训练的投入和热情。这样的设计不仅有助于提高运动员的训练效果，还能在长期训练中保持运动员的动力和兴趣，进而促进其在投掷项目上的全面发展。

（三）科学性与实用性相结合

在投掷项目的训练中，科学性与实用性的结合是制定有效训练策略的关键。训练策略应基于运动生理学原理，确保训练负荷与运动员的生理适应性相匹配，以促进力量与协调性的提升。通过科学的负荷设计，可以在不超过运动员生理极限的情况下，逐步提高其运动能力，避免因过度训练导致的疲劳和损伤。研究表明，适宜的训练负荷能够有效提升运动员的肌肉力量和爆发力，对于投掷项目的表现尤为重要。

在制订训练计划时，运动员的心理状态是一个不可忽视的因素。采用适宜的激励机制，能够增强运动员的训练积极性和参与感。心理学研究显示，积极的心理状态有助于提高运动员的训练效果和比赛表现。因此，教练在设计训练方案时，应考虑运动员的个体差异，利用心理激励手段，如目标设定和正向反馈等，来激发运动员的内在动力，使其在训练中保持高昂的斗志和积极的态度。

训练内容的科学评估是确保训练有效性的基础。通过融合科学的评估工具，定期监测运动员的技术水平和身体状态，可以及时调整训练方案。技术评估包括运动员投掷技术的细节分析，身体状态评估则涉及心率、肌肉疲劳度等生理指标的监测。这样的评估体系不仅为教练提供了客观的数据支持，也使运动员能够清晰了解自身的进步和不足，从而在训练中更有针对性地进行改进。

训练环境的科学性同样重要。场地、器材和气候条件等因素直接影响训练效果和运动员的安全。科学的训练环境设计可以优化训练效果并降低产生运动伤害的风险。例如，适宜的场地条件能够减少运动员的疲劳和受伤概率，高质量的器材则有助于提高训练的精准性和效率。因此，教练在规划训练时，需充分考虑这些环境因素，确保运动员在最佳条件下进行训练。

同时，训练方案的实用性是实现训练目标的保障。设计符合运动员实际需求和技术特点的训练内容，确保训练能够有效转化为比赛表现。实用性的训练方案不仅是理论上的完美，还需要在实践中得到验证和调整。通过不断的反馈和优化，教练可以帮助运动员在比赛中充分展现训练成果。这样的训练策略，不仅提高了运动员的竞技水平，也增强了其在比赛中的自信心和竞争力。

二、投掷项目专项技术训练策略

（一）技术动作细化

在投掷项目的训练中，技术动作细化是提高运动员表现的关键环节。细化每个投掷项目的技术动作要素，可以确保运动员对动作的理解和掌握更加深入。通过对动作细节的逐一分解，教练可以帮助运动员更好地理解每个环节的生物力学原理，从而提高技术动作的准确性。动作的起始姿势与结束姿势之间的连贯性，是保证技术动作流畅性的基础。运动员需要在训练中反复练习，以形成肌肉记忆，使动作更加自然和协调。

分析不同投掷项目中各个技术环节的关键点，对于帮助运动员识别和纠正错误至关重要。通过对动作进行逐帧分析，教练可以找出影响运动员表现的细微问题，并制定相应的纠正措施。结合视频分析技术，教练可以为运动员提供直观的反馈，帮助他们在动作细节上进行自我调整。这种视觉反馈不仅有助于运动员理解自己的动作，还能激发他们的学习兴趣，提高训练的有效性。

设计专门的训练方案，以强化运动员在技术动作细化过程中的身体感知与控制能力，是技术训练的重要组成部分。通过多样化的训练手段，如模拟比赛情境、使用辅助器械等，运动员可以在不同的环境中提高对动作的适应性和控制力。训练方案应根据每位运动员的技术水平和发展需求进行个性化调整，以确保训练效果的最大化。在此过程中，教练的指导和反馈起到了不可或缺的作用，帮助运动员在技术细化的道路上不断进步。

（二）技术动作强化

在投掷项目的专项技术训练中，技术动作的强化是提升运动员竞技水平的关键。针对不同的投掷项目，制订专项训练计划是必要的。这不仅有助于运动员对技术要素的深入理解与掌握，也能使他们在训练中形成清晰的技术动作路径。通过系统化的训练，运动员可以在技术动作中找到最适合自身的发力点和动作节奏，从而在比赛中获得更佳的表现。专项训练计划的制订，需要教练结合运动员的个人特点和项目需求，进行科学合理的安排，以确保训练的有效性和针对性。

为了提高运动员在实际比赛中的技术应用能力，重复练习和模拟比赛环境是不可或缺的。通过高频次的技术动作练习，运动员能够在不断的重复中巩固动作记忆，并在模拟比赛中检验和调整自己的技术动作。模拟比赛环境不仅能增强运动员的临场反应能力，还能提高他们对不同场景的适应性。这种训练方法通过不断的实践和反馈，使运动员在面对真实比赛时，能够更从容地运用技术动作，进而提高比赛成绩。

现代技术的发展为投掷项目的技术动作强化提供了新的工具，视频分析技术便是其中之一。通过视频分析，运动员可以实时观察自己的技术动作，并在教练的指导下进行自我评估和改进。这种直观的反馈方式，使运动员能够更准确地发现自身技术动作中的不足，并及时进行调整。视频分析不仅有助于提高训练的科学性，还增强了运动员的自我学习能力，使他们能够在训练中不断进步。

在技术动作强化过程中，力量训练的结合是提升投掷效果的重要手段。投掷项目对力量和技术的要求都很高，只有将两者有机结合，才能在发力时有效运用身体各部位的协调性。通过力量训练，运动员能够提高肌肉的爆发力和耐力，技术动作的强化则确保了力量的有效传递。两者的结合，使运动员在投掷时能够发挥出最佳的竞技水平，从而在比赛中取得优异的成绩。

（三）技术动作整合

技术动作整合是投掷项目训练中的关键环节，指的是通过系统的训练方法，将各个技术动作有机地结合在一起，形成整体性的动作模式。这种整合不是技术动作的简单叠加，而是强调动作的整体性与流畅性，对提高投掷效果具有重要意义。在实际的投掷过程中，流畅的技术动作能够有效地将运动员的力量转化为投掷动能，从而实现更远的投掷距离。因此，技术动作整合的重要性在于其能够帮助运动员在比赛中发挥出最佳水平。

通过技术动作的整合训练，运动员可以显著提高身体的协调性，增强各部位在投掷过程中的协同发力能力。在投掷项目中，运动员需要在极短的时间内完成一系列复杂的动作，这就要求身体的各个部位能够紧密配合，通过整合训练，运动员可以更好地协调手、脚、躯干等部位的动作，从而提高投掷的效率和效果。这种训练不仅提升了运动员的技术水平，还增强了他们在比赛中的应变能力。

视频分析技术在技术动作整合中扮演着重要的角色。通过视频分析，教练和运动员可以直观地看到技术动作中的不协调环节，并进行针对性的调整。视频分析技术提供了一个客观的视角，使得运动员能够清晰地认识到自身技术的不足，从而在后续训练中进行有针对性的改进。这种技术手段的应用，不仅促进了技术的提升与整合，还使得训练过程更加科学和高效。

设计针对性的整合训练方案是提升运动员整体表现与稳定性的有效途径。在制定训练方案时，需要结合不同投掷项目的特点，针对性地设计训练内容。每一种投掷项目都有其独特的技术要求，因此训练方案必须具有针对性，以满足不同项目的需求。通过科学合理的训练设计，运动员能够在技术整合中获得更好的整体表现，并在比赛中保持稳定的发挥。

三、投掷项目体能训练与恢复策略

（一）体能训练周期安排

在投掷项目的训练中，体能训练周期安排是提升运动员整体表现的关键因素。制订周期性训练计划能够帮助运动员系统性地提升体能水平，确保各项训练有序进行。周期性训练计划通常包括准备期、比赛期和恢复期，每个阶段都有不同的训练重点和目标。在准备期，训练的重点通常放在基础体能的提升上，包括力量、耐力和灵活性的训练。这一阶段的训练强度相对较低，主要目的是为后续的高强度训练打下坚实的基础。

在制订训练计划时，教练需要根据不同训练阶段的目标，合理安排力量、耐力和灵活性训练的重点，以确保运动员全面发展。例如，在力量训练中，教练可以通过增加负重和重复次数来逐步提高运动员的肌肉力量和爆发力；在耐力训练中，可以适当增加有氧训练的时长和强度，以提高心肺功能；在灵活性训练中，可以结合动态拉伸和静态拉伸，提升运动员的关节活动范围和肌肉弹性。这样的安排不仅有助于提升运动员的竞技水平，还能有效地预防运动损伤。

在训练周期内设定恢复期是促进运动员身体恢复和适应的重要策略。恢复期的设定需要综合考虑训练强度、运动员的身体状态以及训练阶段的目标。在恢复期，运动员可以通过低强度的训练和主动休息来缓解身体疲劳，促进肌肉的修复和生长，从而避免过度训练带来的负面影响。合理的恢复期不仅能提高运动员的训练效果，还能延长其运动寿命，降低产生运动损伤的风险。

结合比赛日程调整体能训练的重点和强度是确保运动员在比赛前达到最佳状态的关键。在比赛前的训练中，教练需要根据比赛的具体时间和要求，适当调整训练计划，降低训练强度，延长恢复时间，以确保运动员能够以最佳的身体状态迎接比赛。同时，针对比赛特点进行专项训练，提升运动员的技术水平和心理素质，也是比赛前训练的重要内容。

定期评估运动员的体能状态是确保训练有效性和针对性的必要手段。通过科学的评估方法，如体能测试、运动表现分析等，教练可以全面了解运动员的体能状况和训练效果。教练可以根据评估结果，及时调整训练计划，优化训练内容和强度，以确保运动员能够在各个训练阶段达成预期的目标。这样的评估和调整不仅能提高训练的科学性和针对性，还能帮助运动员在比赛中发挥出最佳水平。

（二）恢复策略的实施

在投掷项目的训练过程中，恢复策略的实施至关重要。制订个性化的恢复计划是确保运动员在高强度训练后能够有效恢复的关键。根据每位运动员的训练强度和身体状态，制定适合的恢复方案，不仅能提高恢复活动的有效性，还能预防过度训练导致的疲劳和受伤。个性化的计划应包括适当的休息、营养补给和心理调节等，以全面支持运动员的身体和精神恢复。

实施主动恢复策略是促进运动员身体恢复的有效方法。结合轻度有氧运动和拉伸，可以帮助运动员缓解肌肉紧张和僵硬，改善血液循环。这些活动不仅能加速代谢产物的排出，还能促进肌肉组织的修复。通过在训练后安排这些低强度的活动，运动员能够更快地恢复到最佳状态，从而在下一次训练中表现出色。

安排充分的休息时间是提升运动员身体修复能力的重要环节。在高强度训练后，运动员需要充足的睡眠和休息时间，以便身体能够进行修复和重建。充足的休息不仅有助于恢复体力，还能改善心理状态，使运动员在接下来的训练中保持良好的专注力和积极性。因此，教练应根据运动员的具体需求，合理安排训练和休息时间。

定期进行身体状况评估是确保恢复策略有效性的必要措施。通过监测运动员的疲劳水平和恢复进度，教练可以及时调整恢复策略，以适应运动员的实际状态。这种动态调整不仅能提高恢复的效率，还能防止恢复不当导致的潜在风险。评估应包括体能测试、心理状态调查以及生理指标的监测等，以全面掌握运动员的恢复情况。

结合营养补给与恢复是支持运动员身体恢复过程的重要手段。在训练后及时补充水分和营养，可以帮助运动员迅速恢复能量储备，促进肌肉和其他组织的修复。合理的营养计划应包括补充适量的蛋白质、碳水化合物和健康脂肪，以满足运动员的身体需求。同时，补充足够的维生素和矿物质也有助于增强机体免疫力，加速恢复进程。通过科学的营养补给，运动员能够更好地应对训练带来的生理挑战。

四、投掷项目训练效果的评估指标体系

（一）技术指标评估

投掷项目的技术指标评估是衡量训练效果的重要组成部分。技术指标不仅反映了运动员在技术动作上的掌握程度，还直接影响投掷成绩。投掷动作的起始姿势与结束姿势的准确性评估是技术指标评估的基础。起始姿势的正确性决定了运动员在投掷过程中能否充分发力，结束姿势则关系到动作的稳定性和完成度。评估时需要结合运动员的身体条件和项目特点，确保姿势的标准化和一致性，以提高动作效率和投掷距离。

投掷过程中发力顺序的合理性与流畅性评估是技术指标评估的核心内容之一。合理的发力顺序有助于运动员在投掷时将全身力量有效地传递到投掷器械上，从而达成最佳的投掷效果。发力的流畅性则影响动作的连贯性和稳定性。评估时需关注运动员在发力过程中各个关节的协调性，以确保力量传递的最大化和动作的连贯性。通过视频分析和动作捕捉技术，可以精确地评估发力顺序的合理性，进而指导训练计划的改进。

投掷器械控制能力的稳定性与精准度评估是衡量运动员技术水平的关键指标。稳定的控制能力意味着运动员能够在不同环境和条件下保持动作的一致性，精准度则直接影响投掷的方向和距离。评估时需结合运动员的肌肉力量、协调性和心理状态，分析其在投掷过程中对器械的控制情况。通过对比不同训练阶段的控制能力变化，可以评估训练效果并调整训练计划，以提高运动员投掷精度和稳定性。

投掷角度与轨迹的控制效果评估是技术指标评估中不可忽视的环节。投掷角度和轨迹的合理性直接影响投掷的距离和效果。评估时需利用高精度设备测量投掷角度和轨迹，分析其与理想值的偏差。通过优化训练方法和调整技术动作，运动员可以更好地控制投掷角度和轨迹，从而提高投掷成绩。对角度和轨迹的控制效果评估不仅有助于发现运动员的技术缺陷，还能为训练策略的制定提供科学依据。

助跑节奏与投掷时力量输出的关联性评估在投掷项目技术指标评估中具有重要意义。助跑节奏直接影响到投掷时的力量输出和动作的连贯性。合理的助跑节奏可以帮助运动员在投掷瞬间达到最佳的力量输出状态。评估时需结合运

动员的个人特点和项目要求，分析助跑节奏与力量输出的关系，通过调整节奏提高力量输出的效率。科学的评估方法和数据分析可以为运动员的训练提供精准的指导，帮助其在比赛中发挥出最佳水平。

（二）体能指标评估

体能指标评估在投掷项目的训练中具有至关重要的地位，不仅反映了运动员的身体素质，还直接影响其竞技表现。

最大力量测试是评估运动员体能的关键环节。通过单次最大举重和重复举重能力评估，可以准确测量运动员的肌肉力量和耐力。单次最大举重测试通常用于评估运动员的绝对力量，重复举重则更侧重于肌肉耐力和力量的持续输出能力。将这两种测试方法相结合，可以全面了解运动员的力量特征，为训练计划的制订提供科学依据。

爆发力测评是体能指标评估的另一个重要组成部分。在投掷项目中，运动员需要在瞬间输出最大力量，因此爆发力的强弱直接影响投掷的距离。通常，通过垂直跳跃或立定跳远等项目进行评估，这些测试能够有效反映运动员下肢肌肉的快速收缩能力和力量输出效率。通过对这些数据的分析，可以帮助教练员制定更有针对性的训练方案，提升运动员的爆发力水平，从而提高投掷距离。

耐力水平的评估在投掷项目中虽然不像力量和爆发力那样直接，但同样不可忽视。通过长时间的有氧运动测试，如 1200 米跑或 12 分钟跑，可以评估运动员的心肺功能和持久力。这些测试不仅反映了运动员的有氧代谢能力，还可以间接评估其恢复能力和训练后的疲劳恢复效率。优秀的耐力水平可以帮助运动员在比赛中保持稳定的表现，并在多轮投掷中发挥最佳状态。

灵活性测试是评估运动员身体柔韧性和关节活动范围的重要手段。采用坐位体前屈或侧弯等方法，可以了解运动员的肌肉伸展能力和关节的灵活性。灵活性对于投掷运动员而言，能够有效提高其动作的幅度和技术动作的完成度，降低运动损伤的风险。因此，在日常训练中，灵活性训练应与力量训练相辅相成，以确保运动员具备全面的身体素质。

协调性评估可通过平衡测试和敏捷性测试，如 T 形跑和四方跑，评估运动员身体各部位的协调性。良好的协调性可以使运动员在投掷过程中更好地控制身体姿态，提高动作的连贯性和准确性。协调性训练不仅能提升运动员的技术水平，还能增强其在比赛中的应变能力。因此，在投掷项目的体能训练中，协调性评估与提升同样值得重视。

（三）心理素质评估

在投掷项目的训练中，心理素质评估是衡量运动员全面发展的重要维度。心理素质的提升不仅有助于运动员的个人成长，还能显著影响其竞技表现。

运动员的自信心评估是心理素质评估中的关键环节。自信心不仅体现在运动员对自身能力的信任程度上，还反映出他们在训练和比赛中表现的自我感知。强大的自信心有助于运动员在面对挑战时保持积极态度，增强其在赛场上的表现力和竞争力。因此，自信心的培养是心理素质训练的核心内容，需要通过科学的训练方法和心理辅导来实现。

运动员的压力管理能力也是心理素质评估的重要组成部分。在高压环境下，运动员能否有效管理压力，直接影响其竞技状态和心理健康。通过分析运动员在不同压力情境下的应对策略，可以了解其心理调适能力的强弱。压力管理能力不仅包括对赛场压力的应对，还涉及生活和训练中的各种压力源。有效的压力管理策略能够帮助运动员在比赛中保持冷静和专注，提高其应变能力和决策水平。因此，压力管理训练需要结合心理学理论与实践，帮助运动员建立适合的压力调适机制。

专注力评估则关注运动员在训练和比赛中保持注意力的能力，以及对外界干扰的抵抗力。专注力是运动员在复杂环境中获取成功的关键因素之一。在投掷项目中，运动员需要在短时间内做出精准的动作决策，对专注力提出了很高的要求。通过观察运动员在训练中的注意力集中程度，可以评估其专注力的稳定性和持续性。提高专注力的方法包括通过心理训练、冥想和集中练习等方式，有助于运动员在比赛中更好地抵御干扰，保持最佳竞技状态。

五、投掷项目训练效果的持续改进方法

（一）反馈机制的建立

在投掷项目的训练中，建立有效的反馈机制是提升运动员技术水平和训练效果的关键。反馈机制不仅是教练与运动员之间的信息传递渠道，更是运动员进行自我反思和技术改进的重要工具。通过建立定期反馈机制，教练能够在训练后及时对运动员的表现进行评估，并提供具体的建议。这种及时的反馈有助于运动员快速识别自身的不足，促进技术的改进和自我反思。定期的反馈不仅

可以帮助运动员在短时间内获得进步，还能使运动员在长期训练中形成良好的自我评估习惯，增强运动员的自信心和主动性。

视频分析技术的应用为投掷项目的反馈机制提供了新的维度。通过视频分析，运动员可以直观地看到自己的动作表现，识别技术细节和改进空间。这种视觉化的反馈方式，有助于运动员更准确地理解教练的指导意见，并在训练中有针对性地进行调整。视频分析不仅提升了运动员的自我评估能力，也为教练提供了更为翔实的数据支持，帮助教练制订更为科学的训练计划。此外，视频回放功能使得运动员能够反复观看自己的动作表现，进一步巩固技术要点，提升训练效果。

运动员之间的相互反馈也是反馈机制中不可或缺的一部分。通过同伴观察与纠正，运动员可以从不同的视角获得反馈，增强对技术动作的理解。同时，相互反馈也有助于增强团队合作意识和集体学习的效果。在训练中，运动员可以通过互相点评，分享彼此的经验和体会，形成良好的学习氛围。这种互动式的反馈方式，不仅可以促进个体技术的提高，还能提升整个团队的凝聚力和竞争力，形成良性循环。

为了确保反馈机制的有效性，制订个性化反馈计划是必要的。教练应根据每位运动员的技术特点与进展，提供针对性的改进建议与指导。个性化反馈计划需要教练深入了解每位运动员的优缺点，并结合其个人目标进行制订。通过个性化反馈，运动员能够在训练中获得更为精准的指导，确保持续的技术提升。这种因材施教的反馈方式，不仅能够提升运动员的训练效果，还能激发运动员的潜力，推动其在投掷项目中的全面发展。

（二）训练计划的调整

在投掷项目的教学与训练实践中，训练计划的调整是确保运动员能持续进步和保持高水平竞技状态的关键环节。训练计划的调整不仅仅是对训练内容和时间的重新分配，更是对运动员个体差异的深刻理解与尊重。通过定期分析运动员的技术进步情况，可以更好地识别哪些训练内容需要强化，哪些技术动作已经达到预期目标，从而确保训练的针对性和有效性。这样的调整需要教练具备敏锐的观察力和丰富的经验，以便在技术细节上做出精确的判断。

运动员的身体状态是调整训练计划的重要依据。通过科学的评估手段，教练可以掌握运动员的疲劳程度、恢复状态以及潜在的运动伤害风险。在此基础上，灵活调整训练强度和负荷，既能避免过度训练导致的疲劳积累和伤病，也能确保运动员在训练中获得足够的刺激以促进能力提升。合理的负荷安排不仅能提高训练效果，还能延长运动员的运动寿命，对运动员的职业发展至关重要。

比赛日程和运动员的心理状态也是训练计划调整的关键因素。在比赛期间，教练需要根据比赛时间节点合理安排训练周期，以便让运动员在比赛前达到最佳竞技状态。心理状态的调整同样重要，运动员在不同的训练和比赛阶段可能会出现心理波动，教练需要通过沟通和心理辅导帮助运动员保持积极的心态，从而在比赛中发挥出最佳水平。结合运动员的心理状态调整训练计划，不仅能提高运动员的比赛成绩，还能增强其自信心和抗压能力。

运动员的反馈和训练效果是优化训练策略的重要参考。通过定期收集运动员的训练反馈，教练可以了解运动员对训练内容的接受程度和实际效果，并在此基础上进行策略优化。这种优化不仅体现在对运动员技术和体能的提升上，还包括增强训练内容的趣味性和运动员的参与感，以保持运动员的积极性和热情。通过不断的调整和优化，训练计划能够更好地适应运动员的需求，帮助他们实现更高的运动目标。

参考文献

[1] 谷铸，谢明，徐晓琴. 田径运动教程 [M]. 长沙：湖南大学出版社，2024.

[2] 蒋国荣. 田径运动教学与训练研究 [M]. 哈尔滨：哈尔滨出版社，2021.

[3] 杨凯. 田径教学训练与竞赛 [M]. 北京：北京工业大学出版社，2023.

[4] 代滨. 田径技术教学与科学性训练研究 [M]. 长春：吉林出版集团股份有限公司，2022.

[5] 房施龙，王安治. 新时期田径运动教学理论与实践探索 [M]. 北京：中国纺织出版社，2021.

[6] 郭凤兰，王从江，成彬. 田径运动专项理论与科学化训练实践研究 [M]. 长春：吉林文史出版社，2022.

[7] 石磊. 现代田径运动科学探析 [M]. 天津：天津科学技术出版社，2023.

[8] 康钧. 田径全能技术与训练研究 [M]. 北京：首都经济贸易大学出版社，2021.

[9] 钟振兴，陈勇. 田径运动教学对学生体质发展影响的研究 [M]. 长春：吉林摄影出版社，2023.

[10] 陆霞. 田径运动教学与训练 [M]. 长春：吉林出版集团股份有限公司，2020.

[11] 刘帅. 田径教学与训练研究 [M]. 哈尔滨：东北林业大学出版社，2021.

[12] 张文涛. 体适能之田径锻炼方法 [M]. 长春：吉林科学技术出版社，2021.

[13] 于树祥，夏忠梁. 田径基础教程 [M]. 沈阳：辽宁大学出版社，2021.

[14] 黄亚飞. 田径运动的科学研究与人才培养 [M]. 北京：中国原子能出版社，2021.

[15] 王坤. 运动损伤与康复 [M]. 天津：天津科技翻译出版有限公司，2021.